뉴노멀생사학교육총서

6

상실과 치유의 애도수업

이별은 끝나도 애도는 계속된다

양준석·장태순 지음

박문사

뉴노멀생사학교육총서 6

상실과 치유의 애도수업
이별은 끝나도 애도는 계속된다

초판인쇄　2025년 02월 10일
초판발행　2025년 02월 20일

지 은 이　양준석 · 장태순
발 행 인　윤석현
책임편집　김민경
발 행 처　도서출판 박문사
등록번호　제2009-11호
우편주소　서울시 도봉구 우이천로 353
대표전화　(02) 992-3253
전　　송　(02) 991-1285
전자우편　bakmunsa@daum.net

ⓒ 양준석 · 장태순, 2025.

ISBN 979-11-92365-87-9　(04200)　　　　정가 10,000원

상실과 치유의 애도수업
이별은 끝나도 애도는 계속된다

살면서 피할 수 없는 것이 상실과 죽음이다. 하지만 상실과 죽음 후에 남겨진 이들에게 시간은 '상실과 죽음 이전 시간'과 '그 이후 시간'으로 나누어진다. 실제 남겨진 이들은 한동안 분열 상태를 삶 속에 통합하기 어렵기에 수많은 분투를 하며 하루하루를 버티기도 한다. 더욱이 다사(多死)사회로 급속도로 진행되는 우리 사회는 갈수록 기존 가족체제가 해체되고 있으며 사회 시스템은 여전히 위기에 취약하다. 어제의 죽음은 그들에게 일어난 일이지만, 내일의 죽음은 내 일이 될 수도 있기에 한 개인만의 문제로 국한되지 않는다.

『상실과 치유의 애도수업』은 다양한 애도경험을 바탕으로 어떻게 애도할 것인지에 대한 현실적 팁과 방안을 공유하고자 한다. 이를 통해 현실을 직시하고 삶과 죽음을 깊이 성찰하여 현상 너머에 있는 것을 바라볼 수 있는 대안을 마련함으로써 죽음을 생애 전 과정을 통해 이루어야 할 과업으로 독려하고자 한다. 그리하여 존엄한 삶, 존엄한 죽음, 존엄한 사회를 진작시키기 위한 동기를 부여하고자 한다.

머리말

이별은 끝나도 애도는 계속된다

제발 그것이 끝났다고 말하지 마세요.
난 그것을 영원히 잊을 수 없으니까요.

제발 아이가 있는 곳이 더 좋다고 말하지 마세요.
아이는 지금 내 곁에 없으니까요.

제발 아이가 고통 받지 않을 거라 말하지 마세요.
난 우리 아이가 그렇게 죽어야 할 이유를 받아들인
적이 없으니까요.

제발 내 슬픔을 당신도 알고 있다고 말하지 마세요.
당신 또한 아이를 잃었다면 모를까요.

제발 내가 슬픔에서 회복되기를 빈다고 말하지 마세요.
사별은 나을 수 있는 병이 아니니까요.

- 리타 모란, <제발> 중에서

우리는 흔히 시간이 흐르면 모든 것이 나아진다고 말한다. 사실 이 말은 이 글을 쓰고 있는 저자도 어머니의 장례식을 치른 후 내 스스로를 달래던 말이며 그래야만 살 수 있었던 말이다. 대부분의 사람들은 혹시 아직도 과거의 상실과 사별에 매여 있는 것은 병이 아닐까 라는 생각에 스스로를 의심하며 그저 닥친 현실을 살아가는 것이 미덕이고 잘 사는 것이라 생각하며 산다.

그런데 말이다.

삶에서 가장 괴롭고 어려운 상황이 무엇일까? 사랑하는 사람의 죽음이 아닐까. 죽음을 앞둔 사람은 지난 삶을 반추하며 죽음이라는 운명을 받아들인다. 죽음에 대한 예의를 갖추는 것이다. 그러나 그렇지 못한 경우도 있다. 생때같은 아이들이 말도 안 되는 사고로 죽음을 당했다면, 이별이란 말 한마디조차 없이 떠났다면 어떨까. 준비 없는 이별에 어떤 말이 위로가 되며, 누구에게서 이해를 받을 것인가.

실제 상실과 사별을 경험한 많은 사람들은 사랑하는 사람이 떠난 지 꽤 많은 시간이 흘렀어도 그날 그 시간에 멈춰있는 듯하다. 어떻게 해야 할지 모르니 애도관련 매뉴얼이나 책들을 읽으면서 현실에 대처하는 것이 더 나은 선택이라고 위안하며 지낼 뿐이다. 사실 우리는 지난 삶의 과정에서 상실과 사별에 대한 수업을 받은 적이 없다. 자신의 마음과 유가족들의 마음을 제대로 들여다보지 못했으니 대처할 마음도 없을 터이고, 그저 빨리 시간이 지나가 잊히기만 바랄 것이다.

그러나 삶에서 어떤 고통보다 심하고 힘든 상실과 사별경험이 잊자고 해서 잊히는 일이며, 다른 일들을 한다고 해서 묻힐 일인가. 이해할 수 없는 죽음을 마주한 유가족들은 가족이 눈앞에서 '사라졌을' 뿐 '죽었다고' 생각하지 않기에 애도조차 할 수 없는 심정이다. 쇼크와 분노 그리고 일상에서 해야 할 일을 기능적으로 해내는 세 가지 상태를 다람쥐 쳇바퀴 돌 듯 반복할 뿐이다. 몸은 살아있지만 마음은 죽지도 살아있지도 못한 이들을 바라보는 주변 지인들의 마음도 크게 다르지는 않을 것이다.

현 시대를 죽음이 많아지는 시대라 한다. 상실과 사별을 겪은 사람들에게 삶의 시간은 '상실 이전'과 '상실 이후'로 나뉜다고 한다. 분열된 심리 상태를 통합하는 데 어려움을 겪기에 일상적 삶을 유지하지 못하고, 자신들의 마음을 그 누구도 이해하지 못한다고 여길 경우, 스스로 생을 마감하거나 사회와 단절하는 극단적 선택에 내몰리기도 한다. 상실과 사별은 비탄과 슬픔을 동반한다. 그래서 애도과정은 가장 긴 시간을 들여 마음 속 깊이 상실과 사별에 따른 감정을 찾아내는 것이고 이를 만나는 과정일 것이다. 애도 격언 중에 '슬픔이 슬픔을 치유한다'라는 말이 있다. 자기 감정과 진실을 만날 때에야 비로소 애도가 된다는 말이다. 실제로 슬픔에 빠진 이는 '슬퍼하기' 말고 달리 할 수 있는 것들이 없다.

사별 후 사랑하는 이의 죽음을 회피하거나 자기감정에 빠져 있던 사람들이, 자신의 감정을 만나고 다른 사람들과 접촉하면서 사별경험을 극복하고 다시 현실적응을 하며 삶을 살아간다. 죽음에 대해 말하길 꺼리든, 소리 높여 울부짖든 또는 그 중간쯤이든 사별자의 마음에는 슬픔이 존재한다. 문제는 그 슬픔을 표현하는 방식과 태도가 각자의 문화와 환경에 따라 다를 뿐이라는 것이다. 우리는 각자의 방식대로 삶을 살아가고 죽음을 죽어간다. 사별에 관한 한 우리 모두는 자기 슬픔과 애도의 전문가들일지 모른다. 그런데 이러한 과정을 생략하고 현실적응에만 몰두하거나 과거의 슬픔에만 머문 사람들은 여전히 애도하지 못하며 박제된 삶을 살아가는 것이 아닐까라는 생각이 든다.

살아가면서 겪게 되는 상실과 슬픔의 이야기는 우리들의 삶의 이야기이고, 삶의 이야기는 상실과 사별의 이야기일 수밖에 없다. 누구든 태어나면서 가족을 만나고 친구를 만나고 사랑하는 사람들을 만난다. 그런데 언젠가는 내가 먼저 아니면 상대방이 먼저 우리 곁을 떠난다는 사실은 변함이 없다. 각자 고유성을 가지고 어느 것과도 바꿀 수 없는 생명의 존엄성을 가진 우리가 어떻게 살았느냐에 따라 상실과 사별의 의미도 달라진다. 그래서 상실과 애도의 문제는 과거 인류에게도 현재의 인류에게도 미래의 인류에게도 가장 중요한 문제일 수밖에 없다.

왜냐하면 상실과 사별경험은 지난 삶이 미루었던 과제와 청구서를 한꺼번에 들이미는 중요한 사태이기 때문이다. 상실과 사별을 통해 우리는 유한한 존재이며, 한정된 시간과 공간 속에서 살아왔다는 것을 깨닫게 한다. 그래서 우리 모두가 언젠가 헤어진다는 명확한 사실이 삶을 더욱 가치 있고 의미 있는 것으로 만들어주는 것일지도 모른다.

가끔은 차 한 잔을 하면서 상실과 사별의 대상을 떠올리며 그와 함께 했던 이야기를 어떻게 만들고 싶은지를 생각해본다면 어떨까. 있을 때는 내 마음과 욕구에 가려졌던 그의 가치나 의미가 그가 내 곁을 떠났을 때 새롭게 구성된다. 그와의 이야기를 다시 쓰는 것은 남아 있는 자의 몫이며, 그 과정을 통해 상실과 사별의 슬픔은 새로운 의미의 전환이 되지 않을까 생각한다. 실제 상실과 사별의 이야기가 생략되지 않고 그저 자연스럽게 이야기될 수 있을 때 비로소 삶의 온전성이 이루어지지 않을까 생각해 본다.

이런 몇 가지 이야기를 나누고 싶어 『상실과 치유의 애도 수업 - 이별은 끝나도 애도는 계속된다』를 쓰게 되었다. 오직 삶에 대해서만 이야기하는 것이 아니라 상실과 사별에 대한 이야기를 통해 삶의 진정성에 다가가려고 노력도 하고, 자신에게만 관심을 갖는 것이 아니라 공동체, 타인의 슬픔에도 관심을 갖고, 점점 경직되고 한쪽 면만을 강요하는 획일화된 규범을 벗어나 좀 더 유연하고 수용적인 사회가 되기를 바래본다. 바람에도 걸리지 않는 마음처럼 상실과 사별에 대해서도 자유롭게 상상하고, 진정한 애도의 의미를 되살리며, 삶과 죽음 사이에 다리를 놓아 그 어떤 죽음도 삶에서 소외되지 않기를 바란다. 물론 이 글은 애도에 대한 정답을 주장하고 싶은 것이 아니라 각자의 슬픔과 상실에 대한 생각의 단초를 제공하려는 것이다. 갑작스런 상실과 사별에 힘들어하는 사람들에게, 의미 있고 가치 있게 삶을 마무리하려는 분들께, 이 책이 작은 도움이 되기를 바란다.

차례

머리말 __04
이별이 끝나도 애도는 계속된다
제 1 장 __13
애도의 역설
제 2 장 __21
다양한 상실과 사별
제 3 장 __29
슬픔과 애도반응
제 4 장 __39
애도단계와 과정
제 5 장 __47
애도의 과업
제 6 장 __55
몇 가지 주요 이론
제 7 장 __65
특별한 유형의 사별경험
제 8 장 __75
애도의 의미
제 9 장 __83
상실과 사별의 치유
제10장 __95
애도 코뮤니타스

일러두기

이 저서는 2022년 대한민국 교육부와 한국연구재단의 지원을 받아 수행된 연구임 (NRF-2022S1A6A3A01094924)

제1장
애도의 역설

한 사람에게 상실과 사별은
의심할 여지없이 가장 외로운 경험이다.
그럼에도 불구하고 누구나 죽는다는 사실 때문에
애도경험을 무시하려고 한다.

사랑하는 가족의 죽음은 남겨진 이들의 삶을 근본적으로 바꾸어 놓는다. 남겨진 이들은 삶이 죽음의 순간에 멈춰져 있다고 느끼지만, 일상은 자신들이 느끼는 것과 상관없이 관성대로 움직인다. 고인이 생전에 어떤 사람이었든, 어떤 방식으로 죽었든, 가족들은 죽음으로 인한 상실을 경험한다. 그리고 어느 날 문득, 항상 그 자리에 있었던 사람이 이제는 더 이상 없다는 사실을 깨닫게 된다. 고인과 함께 했던 추억의 파도가 몰려올 때면 언제 끝날지도 모르는 기나긴 애도의 여정으로 자신을 내몰기도 한다. 매일 매일 힘겨운 고통을 느끼면서.

1. 애도의 정의

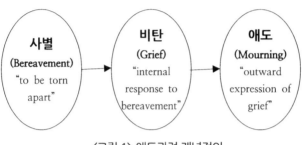

<그림 1> 애도관련 개념정의

    고인이 죽음으로써 살아남아 있는 사람들이 겪게 되는 경험 관련 대표적 용어가 '상실, 사별, 비탄, 애도' 등이다. 이 개념들을 여러 학자들은 혼동해서 쓰기도 하지만 이를 개념도로 정리하면 <그림 1>과 같다.

    사별(bereavement)의 사전적 의미는 사랑하는 사람이 죽어서 이별하는 것이지만, 영어의 'bereavement'는 '빼앗긴(shorn off), 완전히 찢어진(torn up), 박탈된(deprived)' 의미로 자신의 의지와 무관하게 무엇인가를 빼앗기는 느낌, 강탈당하는 느낌을 말한다. 즉 사별이란 사랑하는 사람을 잃은 가족 구성원과 친구들이 그 사람의 죽음을 예측하는 것에서 시작하여 그 사람의 죽음, 죽음 이후의 적응 등에서 겪게 되는 일련의 경험 전체를 포괄하는 좀 더 넓은 의미로 정의되기도 한다.

비탄(grief)은 사별로 인한 슬픔을 표현할 때 쓰는 말로 육체적, 정서적, 심리적, 행동적, 관계적, 영적인 측면에서 다양하고 고통스러우며 복합적인 반응을 표현하는 말이다. 하지만 슬퍼하는 마음을 표현할 때는 grieving이라고 한다. 영어에서 슬픔을 표현하는 말로 sadness, sorrow, grief가 있는데 비교적 작은 상실에 대한 슬픔은 sadness, 좀 더 큰 상실은 sorrow로 죽음이 직접적 원인이지 않은 경우에 주로 쓰인다. 이에 비해 grief는 사별로 인해 개인과 관계적인 측면에서 위기와 스트레스를 가져오는 감정들로, 사별 후 초기 1~2주 사이에 겪게 되는 여러 반응들을 포함하는 것으로 다양한 방식으로 표현되기도 한다.

애도(mourning)는 영어의 'mourn' 동사에서 유래한 것으로 '불안해하다', '언짢아진다'라는 뜻이다. 사별에 대한 충격, 비탄, 분노 등을 경험하는 반응으로 사회나 문화집단에서 수행되는 외적이며 공적 및 의식적인 표현과 행동을 말한다. 즉, 애도는 살아가면서 관계를 맺었던 의미 있는 대상과 사별함으로 인해 나타나는 슬픔, 우울, 비탄 등의 반응을 외부로 표현하는 상태, 의식 또는 관습으로 이를 통해 "개인은 상실한 대상과의 관계가 점차 변화하는 과정"이며 이를 통해 새로운 환경에 적응해 나가면서 성장을 도모하는 작업이다.

2. 애도의 부정

상실 치유의 격언 중에 "상실은 보편적이지만 슬픔은 그렇지 않다(Loss is universal but our reactions are not)"라는 말이 있다. 상실을 겪은 사람이 슬픔을 느끼는 것은 자연스러운 반응이다. 그러나 정말 우리는 상실에 대한 반응을 자연스러운 것으로 여기고 있을까? 상실감을 비정상적이고 부자연스러운 것이라고 받아들이라고 사회화된 것은 아닐까?

상실감은 수많은 감정들 중에서도 가장 강력한 감정 중 하나이다. 동시에 가장 오해받는 감정이기도 하다. 아마 상실감 안에 혼재되어 있는 모순성 때문이 아닌가 싶다. 예를 들면 가족 중 누군가가 오랜 투병 생활을 하다가 돌아가셨을 때, 그 사람의 고통이 끝났다는 위안과 간병의 괴로움에서 벗어났다는 안도의 마음이 찾아온다. 동시에 다시는 그 사람을 만날 수 없다는 비통함을 느낀다. 이렇듯 상실감은 상반된 감정들이 혼재하는 모순을 지니고 있기에 복합적이고 불명확한 감정을 느끼게 한다.

그렇다면 우리는 왜 이렇게 모순적인 감정을 느끼는 걸까. 모든 것은 변한다는 말처럼 상실감도 정상적인 변화의 한 과정일 수 있지만, 그에 대처하거나 적응할 준비는 미흡하기 때문이다. 상실감은 일종의 깨져버린 마음이다. 하지만 이성을 잃어버린 상태는 아니기에 대개 상실감을 이성적으로 대처하려 든다. 그러나 그 시도는 거의 실패하고 만다. 왜냐하면 이성적 대처는 상실감을 치료하는 데 적합한 도구가 아니기 때문이다.

상실감에 빠져 있는 사람들에게 하는 "슬퍼하지 말아라", "더 강하게 견뎌야 한다", "당신은 이 집안의 기둥이야, 흔들리면 안 돼"라는 말은 이성적으로는 이해가 되지만, 당사자에게는 도움이 되지 않는다. 위로는커녕 상실감을 치유하고 회복하는 데 오히려 방해가 된다. 이성과 감성이 모순적으로 반응하기 때문에 혼란스러움과 좌절감으로 인한 정서적인 고립에 빠지지도 한다. 특히 우리 사회는 이성으로 문제를 해결하려고 하는 경향성이 강하기 때문에 상실 치유에 어려움을 겪는 듯하다.

3. 애도의 역설

"인생에서 확실한 것은 죽음과 세금뿐이다"라는 서양 속담처럼 누구도 피할 수 없는 것이 죽음이며 우리는 이로 인한 다양한 상실을 경험한다.

죽음으로 인한 심리적인 상처와 정신적 외상은 누구나 피할 수 없음에도 불구하고 대부분 정신의학이나 가족관계에서 이러한 감정을 무시하는 것은 놀라운 일이 아니다. 실제 인류학이나 심리학, 의학에서조차 사별에 따른 다른 비탄감이나 감정을 간단하게 언급하거나 피상적으로 언급하는 것에서 우리 시대의 애도의 부재를 다시 한 번 확인한다.

사실 상실과 사별로 인한 상처의 치유는 과거의 기억을 지우는 것이 아니다. 오히려 기억하고 기록하고 표현하며 자신이 경험한 사건에 대해 슬픔을 느끼고 드러내는 것을 통해 이루어진다. 사별의 경험을 통해 자신의 삶에 대한 새로운 의미를 발견하는 것이다. 또한 과거에서 비롯된 감정의 앙금을 정리하고 온전히 자신의 길을 걸어가는 것이다. 사별의 고통과 상실감을 치유하는 일은 분명 어렵고도 힘든 여정이다. 자신의 인생에서 맞게 되는 커다란 도전일 수도 있다. 그럼에도 상실로부터 배우고 삶의 지혜를 터득하는 일은 가치가 있다고 믿는다.

우리 앞에는 두 갈래 길이 있다. 하나는 상실과 사별경험을 회피하는 길이고 또 하나는 그로부터 배우고 준비하는 길이다. 죽음이 두려워 피하기만 하다가 갑작스레 닥친 죽음의 그림자에 혼비백산하고 싶은지, 삶의 방향성을 생각하며 미리 준비하고 싶은지, 선택은 온전히 우리의 몫이다.

제2장
다양한 상실과 사별

애별리고(愛別離苦)
사랑하면 이별의 고통이 있다.
만남을 통해 외로움을 극복하고자 하지만
언젠가 이별과 상실의 고통은 피할 수 없다.

상실은 한 개인이 가진 어떤 것을 박탈당하는 정서적 경험이다. 연구자들은 상실을 다양한 방식으로 분류했다. 아치볼트 하트는 『숨겨진 감정의 회복』에서 구체적 상실(눈에 보이는 대상의 상실), 추상적 상실(사랑, 자존감, 꿈 등), 가상적 상실(구체적이며 추상적인 것을 모두 경험하는), 위협적 상실(임종환자에게 일어날 죽음에 대한 상실)등 4가지로 상실을 나눴다. 마르틴 파도바니는 『상처 입은 관계의 치유』에서 사랑하는 가족을 죽음으로 잃는 사별상실, 이혼이나 우정이 깨지는 관계상실, 가정에서 경험하는 상실(유기 등), 사건 사고에 의한 상실(교통사고, 해고 등), 생활 속의 상실(실망, 기대, 배신), 삶에 필요한 상실(생명을 위한 수술이나 더 나은 삶을 위한 이직이나 이사 등)등 6가지로 나누었다.

1. 상실(Loss)의 유형

◎ 물리적 상실 : 중요 애착을 갖고 있는 대상이나 친숙한 환경에
　　　　　　　 대한 상실

◎ 관계의 상실 : 가족, 친구, 애인 등과의 신체적, 정서적, 사회적
　　　　　　　 상실이나 죽음

◎ 심리적 상실 : 희망, 꿈, 자존감, 자기 이미지 등에 대한 심리내
　　　　　　　 적 상실경험

◎ 기능적 상실 : 근육이나 신경계의 어떤 기능을 잃었을 때

◎ 역할의 상실 : 사회적 역할이나 익숙한 지위에 대한 상실경험

◎ 체계의 상실 : 가족체계, 지역, 사회, 국가, 종교, 신념 등에 대
　　　　　　　 한 상실경험

이외에도 다음과 같은 유형을 생각해 볼 수 있다.

1차적 vs 2차적 상실

알 수 있는 상실 vs 알 수 없는 상실

피할 수 없는 상실 vs 피할 수 있는 상실

일시적 상실 vs 영구적 상실

실제의 상실 vs 상상의 상실

예견된 상실 vs 예견되지 못한 상실

떠나감 vs 남겨짐

나이와 관련된 상실

불확실한 상황과 관련된 상실

2. 대상에 따른 사별경험

가족은 한 개인의 근본적인 토대이며 한 사회의 기본단위
로서 개인이 사회에서 자기의 삶을 살아가는데 핵심적인 역할
을 하는 집단이다. 그런데 이러한 가족관계에서 가장 심각한
위협이 가족과의 사별경험이다. 가족 내에서 사별경험은 부정
적인 감정뿐만 아니라 경제적인 문제, 사회적인 위기를 가져
오게 한다. 사별경험이 생애주기 발달과정 중 어느 시기에 있
었느냐에 따라 개인의 삶과 성장에 미치는 영향은 다양하다.

1) 부모와의 사별경험

부모는 물질적으로 정서적으로 자녀를 지원하고, 자녀가
성장할 수 있는 안정된 가정환경을 제공하는 보호자이자, 자
녀의 모델이 되는 존재이다. 부모는 자녀의 적절한 성유형화
와 동일시의 대상이며, 사회 규범을 가르치는 역할을 한다. 가

족의 중심으로서 부모는 형제들의 갈등을 해소하고 하나로 통합하는 역할을 한다.

어머니와의 사별경험은 가족들이 중심을 잃고 유대관계가 흔들리는 상황을 초래한다. Mundy는 '어머니가 떠났다는 것은 자녀들의 성공을 가장 기뻐하고, 실패했을 때 가슴 아파하며 울타리를 잃었다는 것을 의미한다'고 하였다. 또한 '자녀들 간의 문제나 어려움이 있을 때, 어머니는 이를 중재하고 해결하려고 노력하지만, 어머니가 떠나고 나면 어머니 앞에서 화해할 기회가 사라진다'고 하였다. 이처럼 어머니가 떠나면 자녀를 연결하는 매체도 상실하게 되어 가족관계가 소원해지고 단절되는 부정적인 현상을 초래할 수 있다.

아버지와의 사별경험도 어머니와의 사별경험과 큰 차이가 없다. 하지만 아버지와는 정서적 교류가 많지 않기에 사별 경험 초기에 정서적 표현이 제한되어 있다가 갑자기 아버지와 비슷한 연령대의 노인을 보면 슬픔이나 고통스러운 감정이 뒤늦게 찾아온다고 한다. 살아생전에 좀 더 따뜻하게 해드리지 못한 것에 대한 죄책감에 시달린다. 자녀들은 서로 잘못한 것에 대하여 자책하거나 분노한다.

2) 배우자와의 사별경험

거문고와 비파의 조화로운 소리를 금슬(琴瑟)이라고 하듯이 좋은 부부를 이에 비유한다. 부부는 서로에게 없어서는 안 될 중요한 존재이며 모든 관계의 중심이 한 사람에게 쏠리는 대상으로 배우자의 사별경험은 다음과 같은 영향을 미친다.

첫째, 배우자의 사망은 매우 고통스러운 사건으로, 심한 심리적 상처와 여러 부작용이 나타난다. 배우자와의 관계 만족도가 높고 정서적 친밀감이 높으면 더 높은 수준의 정서적 어려움이 있을 가능성이 있고 결혼생활에 만족했을수록 배우자 사망 후 우울의 수준이 높아진다고 알려져 있다.

둘째, 경제적인 문제로, 특히 배우자와 사별한 여성은 남성 배우자가 해왔던 경제적 역할을 맡아야 하는 불가피한 역할 재조정으로 인해 경제적인 어려움에 처할 수 있다.

셋째, 대인관계의 문제로서 가족 간 역할문제, 관계 갈등, 사회적 낙인, 사회적 역할 위축 등이다. 배우자와 사별하게 되면 가정 내에서의 지위와 역할에 변화가 생기고, 이로 인해 이전에 유지하고 있던 가족 관계의 균형이 깨져서 사회적 고립, 일상생활에서의 위축, 대인관계의 문제 등을 야기할 수 있다.

넷째, 존재의미와 관련된 실존적 문제로서 삶의 의미 상실, 절대자에 대한 원망, 새로운 정체성 문제 등이 노정된다.

3) 자녀와의 사별경험

"부모가 죽으면 산에 묻고 자식이 죽으면 가슴에 묻는다"라는 말이 있다. 이 말은 자녀를 잃은 부모의 고통을 말로 표현할 수 없다는 의미도 있지만 자녀가 부모보다 먼저 죽으면 부끄럽고 수치스러운 일이라는 사회적 편견을 드러내는 말이기도 하다. 그러므로 사별의 고통과 더불어 사회적 편견으로 인한 문제를 겪는 이중고통의 의미를 담고 있는 말이다. 실제 자녀와 사별경험을 한 유가족들에게는 다음과 같은 일이 일어난다.

첫째, 자녀를 상실한 유가족은 외상 후 스트레스 장애에 준하는 매우 극심한 심리적, 정신적, 육체적, 관계적 고통을 보여준다.

둘째, 자녀를 상실한 유가족은 가족의 체계가 뒤흔들리는 경험을 한다. 자녀를 잃은 유가족은 관계가 불안정해지며 구성원의 역할에 커다란 변화를 겪게 되고 심지어는 가족 간의 관계가 황폐해지면서 가족이 해체될 수도 있다. 실제 자녀 상실 이후 부부관계가 급속도로 냉각되어 책임소재를 배우자에게 돌리는 등 문제의 정도가 심각해지고 이혼으로 이어지는 극단적인 선택을 하게 되는 경우도 있다.

셋째, 자녀와의 사별로 인한 고통은 시간이 지나가도 잊혀

지지 않고 오랫동안 슬픔을 야기한다. 부모는 자녀를 보호해 주지 못했다는 죄책감을 갖는 동시에 내 살이 떨어져 나가는 듯한 아픔, 그 누구도 대신할 수 없는 고통을 받는다. 이에 대해 최백만 등(2021)은 자녀를 떠나보낸 부모가 오랫동안 슬퍼하는 이유는 내가 죽고 나면 나를 기억해 줄 가족이 없어진 것, 내가 늙으면 돌봐 줄 사람이 없어져 나의 흔적이 사라진 것에 대한 안타까움, 내 핏줄이 끊어진 것 등의 본능 의식이 단절된 것에 대한 분노일 수 있다고 한다.

제3장
슬픔과 애도반응

마음이 아프면 다양한 심리적 반응들이 일어난다.
그럼에도 불구하고 쉬지 않고 일을 하거나
우울감에 빠져 무력하게 지내는 사람들이 있다.
사실 그런 모습들이 내 모습일지도 모른다.

"이별은 고통을 유발하지만

재회의 희망을 통해 위안을 삼을 수 있다.

그러나 사별은 사랑하는 사람과의 관계를

완전히 영원히 단절시킨다.

그래서 사랑하는 사람의 죽음은

우리의 가슴에 거대하고 심오한 슬픔을 심어 준다.

슬픔은 우리가 누군가를 사랑하는 것에 대해서

지불해야 하는 대가이다"

- Archer(1999)

사별경험은 매우 강력하고 복합적이기에 남겨진 사람들에게 신체적·정신적 건강, 특히 우울증이나 질병에 걸릴 위험성을 증가시킬 수 있으며, 그 정도가 심할 경우 심리적 외상(psychological trauma)이 되어 외상 후 스트레스 장애(PTSD)로 진전될 수도 있다. 따라서 사별경험에 따른 문제로부터 회복되어 정상적인 삶을 되찾기 위해서는 일정한 시간이 필요하며, 애도 과정과 치료 과정을 동일한 것으로 간주할 수 있다. 이 과정이 정상적이냐 병리적이냐는 시간에 따라 얼마나 많은 기능적 손상이 발생했느냐에 의해 결정된다.

1. 애도반응

대부분의 사별자는 정상적으로 재적응해 나갈 수 있고 잘 대처하지만, 사별자의 20%는 전문적인 돌봄이 필요하다고 한다(Kissane, 2004). Lindemann(1944)은 정상적 애도의 기간을 6~8주에서 2년 또는 그 이상이 될 수 있다고 하지만, 보통 애도 과정에서는 6개월이 고비로, 1~2년 후에는 사별경험에 대한 적응을 보인다고 한다. 하지만 이는 통계상의 평균일 뿐, 애도 기간은 사람에 따라, 죽음의 형태에 따라, 죽은 사람과의 관계성에 따라서 달라질 수 있다.

1) 정서적 반응

슬픔

비탄반응 중 가장 일반적인 것은 슬픔이다. 슬픔은 애착대상의 상실에 대한 반응으로, 특히 사별경험은 되돌릴 수 없는 영원한 이별이기에 그 슬픔과 상실감은 매우 강렬하다. 그중 비통(悲痛)함은 가슴이 찢어지고 창자가 끊어지는 듯한 고통스러운 슬픔으로 거대한 상실감과 허망함을 유발한다.

분노

분노는 애도반응 중 가장 혼란스런 감정이다. 분노는 첫째, 고인의 죽음을 막기 위해 할 수 있는 일이 아무것도 없었다는 것에 대한 좌절감에서 올 수 있으며, 둘째, 사랑하는 사람을 잃은 후 일어나는 일종의 퇴행적인 경험에서 오는 것이다. 그래서 애도과정 중에 경험되는 분노는 확인하고 다루어야 할 감정중 하나다.

죄책감, 자책감

죄책감과 자책감은 죽은 사람에 대한 의무나 책임을 다하지 못한 자신의 잘못에 대해서 스스로를 질책하거나 징벌하는 감정이다. 대부분의 경우 그 죄책감은 비이성적이기에 '현실성 검증(reality test)'을 통해 완화된다. 물론 실제로 죽음을 초래한 일이 있다면 현실성 검증 이외의 다른 개입이 요구된다.

불안

사랑하는 사람의 죽음을 경험하고 그의 시신을 가까이에서 목격하며 장례의 절차를 치르는 과정에서 죽음불안이 자극될 수 있다. 죽음불안은 첫째, 남겨진 사람들이 스스로를 돌볼 수 없을 것이라는 생각에서 오며, 둘째, 자신도 반드시 죽어야 할 뿐만 아니라 죽음이 언제든지 갑작스럽게 자신에게 찾아올 수 있다는 사실을 자각함에서 온다.

외로움

외로움은 친밀한 관계를 유지했던 배우자의 사별경험에서 흔히 표현된다. 남편을 잃은 많은 부인들은 아무리 외로워도 자신의 집을 안전하게 느끼기에 외출하려 하지 않는다. Stroebe 와 그의 동료들은 정서적인 외로움과 사회적인 외로움을 구분하였는데, 사회적 지지는 사회적 외로움을 덜어 줄 수 있지만 단절된 애착 관계로 인한 정서적 외로움은 완화시키지 못한다. 따라서 현상적으로는 동일하게 보일 수 있는 다양한 외로움을 적절하게 구분하여 다루어야 한다.

2) 신체적 반응

Worden(2002)은 애도 상담 중 관찰된 신체적 반응의 목록을 다음과 같이 제시하였다.

① 윗배가 빈 것 같음
② 가슴이 답답하게 조임
③ 목이 갑갑함
④ 소음에 대한 과민반응

⑤ 몰개인화("길을 걸어도 자신을 포함해 아무것도 진짜 같지 않음")

⑥ 호흡곤란, 숨이 가빠지는 느낌

⑦ 근육이 약해짐

⑧ 에너지 부족

⑨ 입안이 마름

이중 가장 대표적인 신체적 통증은 가슴이 찢어지는 듯한 흉통이다. 이와 더불어 사별의 충격은 식욕의 변화, 무력감과 피로감, 안절부절못함, 불면증을 비롯한 다양한 신체적 반응으로 나타날 수 있다.

3) 인지적 반응

불신

"그런 일은 없었어. 무슨 실수가 있는 게 틀림없다. 이런 일이 있다니 믿을 수가 없다. 그런 일이 있었다는 것을 믿고 싶지 않아." 이런 생각들은 가족이나 지인의 죽음 소식을 들은 후, 특히 갑작스러운 죽음의 경우 가장 먼저 떠오르는 경우가 많다.

혼란

사별경험이 많은 사람들은 자신의 생각이 매우 혼란스럽거나, 생각을 정리할 수 없고, 집중하는데 어려움을 겪거나, 일을 자주 잊어버린다고 한다.

몰두

고인에 대한 생각에 사로잡혀 있는 것으로 어떻게 하면 사별한 사람을 되살릴 수 있을 것인가에 대한 강박사고를 포함한다. 때때로 몰두는 고인이 죽어갈 때 고통받던 모습이나 죽는 순간의 이미지, 또는 그에 관한 생각에 대한 강박의 형태를 취하기도 한다.

환각

환각은 환시나 환청 형태로 유족들에게 빈번하게 경험될 수 있다. 환각은 일시적 환영의 경험으로, 사별이 일어난 후 몇 주 동안 발생하며, 일반적으로 더 어렵거나 복잡한 애도의 전조가 되지는 않는다.

4) 행동적 반응

수면장애

사별경험 초기에 수면장애를 자주 경험한다. 이는 잠들기가 어려운 상태나 아침에 깨기가 어려운 상태를 포함할 수 있다. 수면장애는 때때로 치료적인 개입이 필요하지만, 정상적인 애도과정에서 스스로 교정된다.

섭식장애

사별경험으로 섭식장애가 나타날 수 있다. 과식이나 절식으로 나타날 수 있지만, 절식은 흔히 애도행동으로 묘사된다.

사회적 위축

사회적 위축은 신문이나 텔레비전을 보지 않는 것과 같은 외부 세계에 대한 관심의 상실을 포함하는 것으로부터 다른 사람들로부터 분리되고 싶어하는 것까지 다양하게 나타난다. 대개 단기적 현상이며 얼마 지나지 않아 스스로 교정된다.

5) 사회적 반응

사별의 비탄반응은 사회적 행동으로 표출되어 대인관계와

사회적 활동에 영향을 미칠 수 있다. 어떤 사람은 주변 사람들에게 과도하게 슬픔을 표현하며 의존적인 행동을 나타내는 반면, 또 어떤 사람들은 주변 사람들과의 접촉을 회피하거나 위축된 사회적 행동을 나타내기도 한다. 때로는 다른 사람들의 행동에 대한 과민성이 증가하여 그들의 사소한 행동에 섭섭함, 짜증, 분노감, 배신감, 무시당하는 느낌을 느끼면서 인간관계를 단절하거나 과도한 공격적 행동을 나타낼 수도 있다.

사별은 가족관계에도 영향을 미치게 된다. 가족의 사망에 대한 책임이나 유산 문제로 인해 가족 간의 불화가 야기될 수 있다. 또한 고인의 빈자리를 채우는 과정에서 가족구성원들이 새로운 역할을 담당하고 수행하면서 가족 간의 갈등이 초래될 수 있다. 이 밖에도 사별은 사회적 적응에도 부정적인 영향을 미칠 수 있다. 직장인의 경우, 직장생활에 대한 의욕이 현저하게 감소하여 업무성과가 저하될 수도 있다.

제4장
애도단계와 과정

삶에서의 희망은 아무리 힘든 상실과 사별을
경험했더라도 그 사실을 받아들이는 방식은
바뀐다는 것이다. 애도단계와 과정은 미지의 길을 걷는
우리들에게 내비게이션 같은 역할을 한다.

어찌 보면 우리 모두는 살아남은 자로, 그 경험의 깊이와 강도를 다르게 느끼더라도 각자의 애도과정과 단계를 거쳐왔다. '사별과 상실을 경험하면서 어떤 심리적 변화과정이 일어나는 것일까?', '사별의 슬픔은 어떤 과정을 통해서 완화되는 것일까?' 등등의 질문을 통해 사별 경험자들의 내면을 이해하고 이들의 고통을 줄여 주고 적응을 돕기 위한 이론적 정리가 필요하다.

1. 애도단계

퀴블러로스(Kübler-Ross)는『죽음과 죽어감(On Death and Dying)』(1969)에서 임상적 관찰과 인터뷰 자료를 통해 앞선 Westberg의 애도 과정 10단계를 5단계로 정리했다.

그는 2005년에 케슬러(Kessler)와 함께『비탄과 애도에 대하여: 상실의 5단계를 통한 비탄의 의미 발견하기』를 출간하면서, 정상적인 애도과정이 존재하는 것은 아니며 이러한 단계들은 중첩되기도 하고 지나갔다 다시 돌아오거나 건너뛰기도 하는 등 다양한 패턴으로 나타날 수 있다고 하였다.

① 부정

대부분의 사람은 사랑하는 사람의 죽음을 접하게 되면 "아니야! 그것은 사실이 아니야!", "나에게 그런 일이 생길 리가 없어.", "무언가 잘못되었을 거야"라며 사실을 부정한다.

② 분노

"대체 왜 그 사람이 지금 죽어야 하는 거지?", "그 사람이 무슨 잘못을 했길래?", "이건 정말 부당해", "신은 어디에 있는 거야?"와 같은 분노가 가족, 의료진, 자신, 고인 또는 신에게 향해질 수 있다.

③ 협상

"이 모든 게 나쁜 꿈이었으면…", "내가 다른 사람들을 도우며 헌신한다면 아내가 살아서 돌아올 수도 있을 거야.", "만약 ~했더라면 아내가 살 수 있지 않았을까?"와 같은 가정적 생각과 함께 수반되는 죄책감은 협상의 단계에 경험하는 주된 감정이다.

④ 우울과 절망

상실의 아픔을 느끼며 울거나 슬퍼하면서 많은 시간을 보낸다. 위로를 해 주려는 방문자를 거절하고 현실적인 삶으로부터 철수하여 오래도록 혼자 있기를 원하며 슬픔과 방황의 짙은 안개 속에 머문다. 이러한 우울과 절망의 단계는 사별한 사람이 사랑하는 사람의 죽음을 받아들이고 그와의 이별을 애도하며 분리를 준비하는 과정이라고 할 수 있다.

⑤ 수용

죽음을 받아들이는 동시에 그가 존재하지 않는 새로운 상황이 앞으로 살아가야 할 현실이라는 점을 인식하게 된다. 사별의 수용은 사랑하는 사람이 존재하지 않는 현실에서도 삶의 즐거움과 행복을 느낄 수 있다는 새로운 발견이기도 하다. 자신의 욕구에 귀 기울이며 변화된 세상에서 새로운 삶을 살아가게 된다.

2. 과정이론

퀴블러로스의 5단계이론은 애도의 단계를 도식화하여 일종의 내비게이션을 확보하는 데 중요한 공헌을 하였다.

그러나 문제도 없지 않다. 개개인의 애도 방식은 서로 다른데도 애도단계이론은 비탄을 극복하기 위해 같은 방식으로 표현하고 같은 경험을 해야 한다고 말하고 있어 개인의 성격과 환경, 대처방식에 있어서 개인차와 문화적 차이를 간과했다는 비판을 받고 있다. 또한 단계이론은 전단계와 후단계를 표시함으로써 이전 단계를 통과하지 못하면 다음단계를 넘어설 수 없다는 가정을 하고 있어 다양한 방식으로 사별 비탄과정을 겪는 수많은 애도자들의 특성을 반영하지 못한다는 비판도 있다.

이러한 문제를 극복하기 위해 나온 이론이 과정이론(process theory)이다. 과정이론은 비탄의 결과물이 아닌 경험의 과정을 강조한 것으로 대표적으로 Rando(1993)의 이론이 있다.

Rando에 따르면 과정은 비탄을 경험하는 동안 평가되고 검토되고 영향받을 수 있는 것으로 사별한 사람의 지위를 평가하고 비탄을 사정하기 위한 체크리스트를 제공할 수 있기에 애도과정이 끝나야 애도과업이 달성되었다는 과업이론보다 유용한 이론이라 할 수 있다.

물론 Rando도 애도의 과업을 6가지(6R)로 제시하고 있지만 이 과정들은 서로 연관되어 있으며 동시에 일어날 수도 있다. 또한 애도 과정은 고정되어 있지 않고 전진과 후진을 반복하면서 변동하는 움직임을 가지고 진행한다는 특징이 있다.

Rando가 제시한 'R'로 시작하는 6가지의 애도과정은 인정하기(Recognize), 반응하기(React), 회고하기와 재경험하기(Recollect and Reexperience), 내려놓기(Relinquish), 재적응하기(Readjust), 재투자하기(Reinvest)이다.

① 인정하기

사랑하는 사람의 죽음이 발생했다는 사실을 받아들이는 것으로 반드시 객관적이거나 다른 사람들의 견해와 같을 필요는 없지만 사별자에게 납득될 수 있는 것이어야 한다.

② 반응하기

애도반응을 적절하게 표현하는 것으로, 첫째, 상실의 고통을 경험하는 것이 필요하다. 둘째, 상실로 인한 모든 심리적 반응을 느끼고 수용할 뿐만 아니라 표현하는 것이 필요하다.

셋째, 사랑하는 사람의 죽음으로 인해 발생하는 여러 가지 이차적 상실을 잘 인식하고 슬퍼하는 것이 중요하다.

③ 회고하기와 재경험하기

회고하기는 고인에 관한 모든 기억을 좋은 것이든 나쁜 것이든 충분히 되돌아보는 것이다. 재경험하기는 회고 과정에서 접촉하는 모든 감정을 가능하면 생생하게 떠올려 다시 경험하는 것이다. 이러한 과정은 고인과의 유대를 수정하여 새로운 관계로 나아갈 수 있게 한다.

④ 내려놓기

고인에 대한 집착을 내려놓음으로써 고인이 마음에서 떠나가도록 허용하는 것이다. 이를 통해 새로운 상실과 불안을 유발할 수 있지만, Rando는 이러한 과정을 고인과의 유대관계와 구속으로부터 자유로워지는 해방 과정이라고 불렀다.

⑤ 재적응하기

사별자는 재적응을 위해 다음과 같은 일을 한다. 첫째, 세계관을 수정하는 것, 둘째, 고인과의 새로운 관계를 발전시키는 것, 셋째, 변화된 세상에서 살아가는 새로운 방식을 채택하는 것, 넷째, 새로운 자기정체감을 구축하는 것이다. 이 과정

을 통해 사별자의 자기정체감은 현실을 반영해서 과거의 것
과 통합되는 새로운 변화가 일어난다.

⑥ 재투자하기

고인과의 관계에 투자했던 정신적 에너지를 새로운 삶에
재투자한다. 사별자는 새로운 사람들과의 관계에서 새로운
역할을 하며 새로운 희망과 목표를 향해 에너지를 재투자할
수록 더 큰 만족감을 얻으며 새로운 삶으로 나아갈 수 있다.

제5장
애도과업

애도는 그냥 지나가는 것이 아니다.
새로운 상황에 적응하기 위해
정리할 일을 정리하고 능동적으로 수행해야 할
과제를 수행하는 것이 애도과업이다.

어느 저명한 사회학자가 아내를 교통사고로 잃은 지 얼마 안 되었을 때 또다시 사춘기의 아들을 잃고 나서 〈뉴욕 타임즈〉에 특집 기사를 실은 적이 있다.

사람들은 사랑하는 사람들을 잃고 나서 누구나 잘 아는 비탄의 단계를 체계적으로 밟아나갈 것으로 기대한다.... 하지만 우린 다들 최근에 겪은 일이나 잃어버린 미래에 대해 일부러 생각하지 않으려고 애쓴다... 이에 수많은 정신과 의사들은 건강한 애도를 회피한다고 지적할 것이다. 그렇게 말해도 상관없다. 사랑하는 이의 죽음이 남겨 놓은 공허감은 바닥이 보이지 않는 골짜기처럼 그저 너무 깊을 뿐이다.

사실 사별 후 사랑하는 이의 죽음을 회피하는 사람이나, 자기 감정에 빠져 그 감정을 그때그때 해결하는 사람이나 사별을 극복하고 다시 적응하며 삶을 살아간다. 죽음에 대해 말하길 꺼리든, 소리 높여 울부짖든, 또는 그 중간쯤이든 사별자의 마음에는 슬픔이 존재한다. 문제는 그 슬픔을 표현하는 방식과 태도가 각자의 문화와 환경에 따라 다르다는 것이다.

1. 슬픔의 일

사랑하는 사람을 상실했을 때 왜 슬퍼지는 것일까? 상실했으니까 당연히 슬퍼하는 것이라고 생각하지만 슬픔에 대한 이해가 필요하다. 물론 상실에 대한 여러 반응들이 있다. 하지만 주된 반응은 슬픔이다. 이러한 슬픔에 대한 영어식 표현만 해도 sadness, sorrow, grief 가 있듯이 충격적인 경험이나 사건에 대해 다양한 감정적 표현들이 존재한다. 그런데 왜 하나의 사건에 대해 다양한 감정들이 표현되는 것일까? 이러한 감정들의 표현은 어떠한 의미일까?

먼저 슬픔이 주는 위로는 자신이 사랑하는 사람을 상실했음을 외부로 표현하는 행위라는 것이다. 흐느끼거나 엉엉 울거나 그냥 입술을 꽉 문채 울거나 표현방식은 각자 다를 수 있지만, 이 모든 것은 죽음에 대한 반응이며 망자에 대한 사랑의 연장선에 놓여 있다. 또한 주변 사람들에게 자신이 힘들고 괴로움을 겪고 있음을 보여줌으로써 주변 사람들로부터 측은지심을 발동시켜 지지와 보호를 받을 수 있는 일종의 경계경보라는 것이다. 사실 대부분의 사람들은 눈물을 보이는 사람들에게 돌봄을 주려고 하기에 누군가의 품이 필요할 땐 슬픔을 통한 눈물이 효과적인 소통방식이다. 또한 슬픔과정에서 흘리는 눈물은 치유의 힘이 있다고 한다. 상실로 인한 눈물은 지난 시간 스트레스로 축적된 여러 독성물질을 제거해주며 스트레스를 낮춰준다고 한다. 오히려 눈물을 보이지 않는 사람들이 스트레스 지수가 높아진다고 한다. 그래서 고대 로마에서는 누군가의 죽음을 애도할 때 조그만 유리병에 자신의 눈물을 모아 무덤에 넣어 애도를 했다고 한다.

애도상담 전문가 Jody J. Fiorini 는 슬픔이란 영구적이거나 일시적인 일상생활의 혼란, 인간관계에서 어쩔 수 없이 겪게 되는 이별이나 변화에서 비롯되는 것으로서, 불가피하고도 끝이 없는 과정이라고 한다. 하지만 사별이나 상실로 비탄에 젖은 사람들은 기진맥진할 때까지 울면서 슬픔을 게워낼 때 비로소 슬픔이 마음의 위로가 된다고 한다. 그리고 슬픔의 끝에서는 얄궂게도 죽음을 딛고 강한 삶의 기운이 비집고 나오기 시작한다.

2. 애도과업

Worden(2002)은 애도의 과업을 중심으로 애도를 직면과 사고의 재구성이 필요한 인지적인 과정으로 보고, 애도상담은 사별자들이 네 가지 애도의 과업을 인식하도록 돕는 과정이라고 말한다. 그는 애도과업을 4단계로 정리한다. '상실의 현실을 수용하기', '사별의 슬픔을 견디며 애도작업하기', '고인 없는 환경에 적응하기', '고인과의 연계 속에서 새로운 삶 발견하기'로 단계화하여 목표를 제시하였다.

1) 상실의 현실을 수용하기

상실 초기에 상실의 현실을 수용하지 못하고 부인하는 것은 일반적인 반응이며, 상실의 충격을 완화시켜주는 역할을 하지만 과도하거나 너무 오랜 시간 지속된다면 문제가 된다. 따라서 애도자는 상실의 현실을 인식하고, 고인은 돌아오지 않는다는 사실을 깨달아야 한다. 상실의 상황을 직접 말로 표현하며 자신이 애도과업을 제대로 진행하고 있는지에 대한 질문으로 자신의 감정과 반응을 탐색할 수 있다. 이 과정에서 자신의 애도 과정이 정상적인지 비정상적인지에 대하여 분석할 필요가 있다.

2) 사별의 슬픔을 견디며 애도작업하기

애착관계에 있었던 사람을 잃었을 때 느끼는 고통은 사람마다 다르다. 따라서 애도의 방법도 다르다. 이때 사회적 시선은 사별의 고통을 겪는 것을 방해한다. 사람들의 섣부른 위로의 말은 애도에 방해가 되고 슬픔을 회피하는 사람들 중 일부는 대개 우울증을 겪게 된다. 따라서 이 단계는 자신의 감정을 억누르고 회피하는 것이 아니라, 그것을 표현하는 단계라고 볼 수 있다. 주변 사람들은 사별 이후에 느끼는 주요 감정을 적절히 표현할 수 있도록 도와주어야 한다. 실제 애도자는 고인을 상실한 충격과 고통으로 자신들의 감정을 제대로 인지하지 못하거나, 분노, 죄책감(죄의식), 불안, 무력감, 외로움이나 우울감 등의 감정으로 슬픔의 해결방법을 알지 못한다. 이에 음주 등 물질중독 또는 과다섭취로 건강을 위협하는 경우도 있고, 극단적인 선택을 하기도 한다. 치료자들은 이러한 애도자의 자연스러운 감정을 수용하고 해결하도록 적절한 시기에 개입하여야 한다.

3) 고인 없는 환경에 적응하기

애도자는 고인이 떠나고 없는 현재의 어려움을 극복하고 적응하면서 살아가야 한다. 고인이 생전에 가정에서 해왔던 역할이 어느 정도였는지에 따라 애도자가 적응하는 데 많은 영향을 미친다.

애도자가 스스로 의사결정을 해야 하는 경우 효과적으로 결정하도록 하여 혼란스러움을 최소화하게 해야 한다. '지금 직면한 문제는 무엇인가?' 또는 '그 문제는 어떻게 해결하려고 하는가?' 등의 질문으로 자기의 문제는 자기가 결정하도록 해야 한다. 직업, 이사, 성생활 등의 문제에 대해서는 객관적이고 보편적인 정보를 통해 합리적인 결정을 하도록 해야 한다. 이러한 과정을 통해 애도자들은 죽음으로부터 살아남은 사람으로서의 자아정체감을 형성한다.

4) 고인과의 연계 속에서 새로운 삶 발견하기

애도자는 마음속에 고인이 자리 잡을 수 있도록 재배치해야 한다. 고인을 그리워하고 기억하며 추모하는 것은 정서적으로 고인의 에너지에서 벗어나게 한다. 고인을 떠나보내고 생긴 빈자리는 새로운 사람으로 대체할 수 없지만, 주변의 인간관계로 공백을 채울 수 있다는 사실을 앎으로써 새로운 관계와 일에 나서도록 해야 한다. 재배치에 효과적인 것은 의례이다. 추모관 방문, 고인의 물건 간직하기, 메모리얼 상자 만들기, 가족들과 스크랩북 만들기 등과 같은 고인의 삶을 추억하고 기억하는 활동이 도움이 된다.

제6장
몇가지 주요 이론

한 사람에게 상실과 사별은
의심할 여지없이 가장 외로운 경험이다.
그럼에도 불구하고 누구나 죽는다는 사실로 인해
오히려 애도경험을 무시하려고 한다.

애도관련 이론은 Freud(1917)의 애도이론을 시작으로 과업이론, 애착이론, 단계이론, 과제이론, 과정이론 등 다양한 연구이론들이 나왔으며, 이에 대한 논의는 지금도 활발히 이루어지고 있다. 최근 생사학 연구자들은 애도치료이론들을 고전적 관점과 현대적 관점으로 나누어 설명하는데, 이를 정리하면 다음과 같다.

1. 고전적 관점

1) Freud 애도과업

Freud의 'Mourning and Melancholia'(1917)는 애도과업이론의 시초이다. 그는 'Totem and Taboo'(1912-1913)에서 "애도는 수행해야 할 과업을 가지고 있다; 그것의 기능은 살아남은 자의 기억과 희망을 죽은 자로부터 분리시키는 것이다."라며 애도과업(grief work)을 제시하였는데, 애도과업이란 사별로 인한 슬픈 현실을 부정하거나 회피하지 않고 직면하여, 죽음의 순간과 그 이전의 사건들을 검토하고 사별의 현실을 의식 안으로 가져와서 고인과의 분리를 시도하는 인지과정이라고 할 수 있다. 애도과업은 3단계로 이루어진다.

① 현실검증 움직임
② 잃어버린 대상을 상기함
③ 잃어버린 대상을 포기

2) Bowlby 애착이론

Bowlby는 'Attachment and Loss'에서 비탄반응은 본능적이고, 적응적이며 가치적이라고 설명하였다. 그의 이론은 정신분석적 관점보다는 생물학적인 관점을 강조하였는데 사별 경험으로 인한 반응을 4단계로 나눴다.

① 충격과 마비(shock and numbing)

② 그리움(yearning and searching)

③ 혼란과 절망(disorganization and despair)

④ 재정립(reorganization)

2. 현대적 관점

1) Stroebe & Schut 이원과정모델

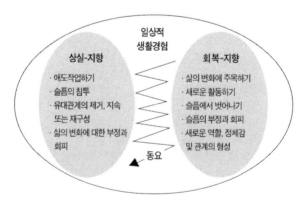

〈그림 2〉 Stroebe와 Schut의 이원과정모델

Stroebe와 Schut의 이원과정모델(1999)은 배우자 죽음에 대한 대처방식으로 제안되었지만 다른 종류의 사별에도 적용할 수 있는 것으로, 사별을 겪은 사람이 죽음에 대처하는 과정으로 설명될 수 있다. 이 모델은 사별로 인한 애착문제와 보편적 스트레스를 중심으로 특수한 스트레스를 고려한 인지적 스트레스 이론으로 발달하였다. 이 모델은 비탄을 사별에 대한 역동적인 대처과정으로 보고 '사별과 관련된 스트레스 요인', '사별에 대처하기 위해 사용되는 인지 전략', '변동하는 역동적 과정' 등을 구성요소로 하며, 상실 지향 과정과 회복 지향 과정으로 이루어진다.

첫째, 상실지향 과정(loss-oriented process)은 상실경험 자체에 집중하고 그것을 다루는 과정이다. 이 과정에서는 비탄 과업 이론에서 주로 강조하는 고인과의 관계, 유대, 고인과 함께 했던 삶, 죽음이 일어났던 환경 등을 반추하고 고인을 그리워하고, 찾고, 통곡하고, 혼자 남겨진 것에 절망하는 등의 정서적 반응을 보이며, 고인과의 유대 상실을 겪어나가면서 회복을 위한 변화에 대해 회피나 부정으로 저항한다.

둘째, 회복지향 과정(restoration-oriented process)에서 회복은 비탄 과정의 결과물이 아니라 2차적 상실과 스트레스 요인에 대한 대처에 초점을 둔 것으로, 사별하기 이전의 생활로의 회복이 아닌 고인이 없는 새로운 세계에 적응하고자 하는 노력과 관련된 것이다. 즉 사랑하는 사람이 죽었을 때 고인을 위한 비탄과정이 있을 뿐만 아니라 상실의 부차적 결과인 실질적인 삶의 변화에 적응해야 한다는 것이다.

이 모델은 상실지향과 회복지향 사이에서의 진동 개념으로 두 개의 과정에서 왔다 갔다 하거나, 어느 한 과정에 가까워지기도 하고 멀어질 때도 있다는 것을 보여준다. 또한 이원과정 모델에서 사별에 대처할 때 강조하는 부분은 문화적 환경, 개인적 요소, 상황적 차이점을 고려한 대응의 필요성이다. 실제 Stroebe와 Schut의 연구에 의하면 사별자들은 삶 속에서 때에 따라 상실 지향 과정과 회복 지향 과정을 진동하며 오고 간다고 보고하고 있다.

2) Klass, Silverman, Nickman의 지속성 유대감이론

Klass, Silverman, Nickman(1996)은 지속적 유대감 이론(continuing bonds theory)을 주장했다. 그들은 애도과업을 통해 고인과의 관계를 분리하고 끊어야만 새로운 관계를 맺는 것이 아니며, 사별경험자가 고인과 유대감을 유지하려는 노력이 중요하다고 했다. 고인과의 분리, 흘러가게 둠, 잊는 것과 반대로 일상생활 중에 고인과의 관계를 반추하고 기억들을 내면화(internalization)하는 적극적인 노력들이 중요함을 역설한다. 이러한 내면화는 고인과의 지속적인 유대를 위한 심리적 변화로 역동적이다. 고인은 사별경험자의 삶 속에서 변화되었지만 지속적인 존재감을 통해 위로와 평온을 주었고, 사별경험자를 지원하며 과거에서 미래로의 이동을 수월하게 한다.

3) Bonanno의 회복탄력성이론

Bonanno(2009)는 회복탄력성(resilience)이 사별경험에서 중요 특징이라고 주장하였다.

그는 사별경험에 대한 실험연구를 통해 사별경험자의 약 46%는 중요한 사람의 죽음 이후 약간의 스트레스를 보이거나 스트레스를 전혀 보이지 않았다는 결과를 얻었다. 죽음과 관련한 트라우마가 있을 때 회복탄력성은 때때로 정신 병리학적 양상(예: 우울증 또는 PTSD)과 다른 양상을 보이며, 사람들이 생각하고 있는 것보다 더 크다고 한다.

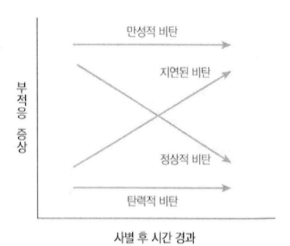

<그림 3> Bonanno의 회복탄력성모델

(권석만. 2019. 567)

　　그는 비탄은 대부분의 사람들이 압도당할 정도로 크지 않다고 말하며, 사별을 겪은 사람과 죽음에 대해 이야기할 필요가 없고, 긍정적인 마음과 웃음이 도움이 된다고 말한다. 이 이론은 사별을 겪은 사람이 비탄경험을 무조건 견뎌내야 한다는 애도과업이론에 근본적인 문제제기를 한다. 실제로 Bonanno는 "애도과정은 사별을 겪은 몇몇 개인에게만 적절하며, 심한 비탄과 걱정에 발버둥 치는 사람과 만성적인 증상을 보이는 사

람에게만 필요하다."고 하며 회복탄력성의 중요성을 강조하
였다.

제7장
특별한 유형의 사별경험

상실과 사별은 모든 사람을 슬픔에 빠트리지만
이것을 병리적이라 말할 수 없다.
하지만 슬픔에 빠져 지내는 것이 만성화되고
사회적 역할 수행이 어렵다면 병리적인지
의심해볼 필요가 있다.

'애도과정은 얼마나 오래 계속되는가?'라는 물음에 대한 일반적인 대답은 존재하지 않는다. 비탄과 애도는 사별자의 특성이나 사랑하는 사람의 죽음과 관련된 수많은 요인에 따라 그 패턴과 기간이 달라지기 때문이다. 사별의 슬픔이 시간의 흐름에 따라 직선적으로 감소하는 것은 아니며, 그 애도과정의 단계 앞뒤로 동요하는 경우가 대부분이다. 예컨대, 암으로 자녀를 잃은 부모의 경우, 사별 후 1~2년 사이에 사별 증상의 78%가 감소했으나 2~3년 사이에 사별 증상이 다시 증가했다(Rando, 1993).

어찌 보면 애도과정은 평생 지속되는 것이다. 다만 초기의 격렬한 비탄이 마무리되는 시점은 상대적으로 쉽게 판단할 수 있다. 이러한 시점이 비탄에서 애도로 넘어가는 시점이라고 할 수 있다.

1. 4가지 병리적인 비탄반응

상담자는 애도의 과업에 대해서 아는 것만으로는 충분하지 않다. 애도의 중재요소를 이해하는 것도 중요하다. 비탄에 빠진 많은 사람들에게 공통된 사항들이 있으며, 그런 사항들이 정상적 비탄반응 목록에 포함될 수도 있지만 개인별로 큰 차이가 있을 수도 있다. 어떤 사람들에게는 슬픔이 매우 강렬한 경험인 반면, 어떤 사람들에게는 다소 온화하다. 어떤 사람들은 상실이 일어났을 때 바로 비탄이 시작되는 반면에 또 다른 사람들에게는 비탄이 지연되어 나타난다. 어떤 경우에는 슬픔이 비교적 짧은 시간 동안 지속되는 반면, 어떤 경우에는 영원히 계속되는 것처럼 보인다. 개인이 애도의 과업을 왜 다른 방식으로 처리하는지 이해하기 위해서는 이러한 과업이 다양한 요인에 의해 어떻게 중재되는지 이해해야 한다. 이것은 복잡한 애도일 경우에 특히 중요하다. 이러한 상실에 대한 반응을 복잡한 애도반응(complicated grief responses)이라고 한다.

1) 만성적 비탄반응(Chronic grief reactions)

만성적 비탄은 과도하게 슬픔의 지속 시간이 늘어지거나 절대 만족하는 결론에 도달하지 않게 되는 것을 말한다. 이는 여러 해 동안 사별을 애도했음에도 불구하고, 사별자 스스로 자신이 겪고 있는 슬픔의 반응들을 끝내지 못하고 있는 것이다. 사별 후 2년에서 5년 정도가 되었는데도 "나는 사는 것 같지 않아", "나에게는 아직 끝난 게 아니야", "다시 과거의 자신으로 돌아가기 위해 도움이 필요해"와 같은 말을 하는 경우이다.

2) 지연적 비탄반응(Delayed grief reactions)

지연된 비탄반응은 때로 잠재되거나 억눌린, 혹은 연기된 비탄반응으로 불리기도 한다. 이 경우 사별자는 사별 당시 어느 정도의 정서반응을 겪었지만, 사별에 맞는 충분한 정도는 아니었던 것이다. 미래의 어느 날, 이 사람은 어떤 계기를 맞게 되거나 순간적으로 경험하게 되는 상실로 인하여 사별 슬픔의 증상과 마주하게 될 수 있다.

3) 위장된 비탄반응(Masked grief reactions)

이 반응에서 사별자는 자신을 힘들게 만드는 여러 증상들을 경험하지만, 그것이 정작 상실과 연관된 증상이나 행동이라는 사실을 인정하려 하지 않는다. 위장되었거나 억압된 슬픔은 두 가지의 일반적인 형태로 드러난다. 그 중 하나는 신체적 증상으로 위장되는 것이고, 다른 하나는 정상에서 벗어나거나 부적응적인 행동으로 위장되는 형태이다.

4) 악화된 비탄반응(Exaggerated grief reactions)

이 경우 사별자는 압도당할 것 같은 느낌을 갖거나 부적응행동을 자주 일으키게 된다. 그들은 그들이 겪고 있는 증상과 행동이 상실과 연관되어 있다는 것을 자각하고 있으며, 자신들이 겪고 있는 경험들이 자신들을 과도하게 무능력하게 만든다는 사실을 자각하기 때문에 치료를 받으려 한다. 이는 상실로 인해 동반되는 우울증, 불안증, 공포증 등의 주요 정신장애를 포함한다.

2. 지속성 복합사별장애(DSM-5)

최근 DSM-5에서는 독립적 진단 기준이 되기 위해 추가 연구가 필요한 상태로 지속성 복합사별 장애(Persistent Complex Bereavement Disorder)의 제안된 진단기준을 추가시켰다. 만약 비탄반응이 지나치게 오랫동안 지속될 경우에는 지속성 복합사별 장애를 겪고 있는 것은 아닌지 확인해볼 필요가 있다.

<표 1> 지속성 복합사별 장애 진단기준

(권석만. 2019. 631-632)

A. 개인은 친밀한 관계에 있던 사람의 죽음을 경험한다.
B. 죽음 이후 다음의 증상 중 1개 이상을 심각한 수준으로 경험한 날이 그렇지 않은 날보다 많다. 성인의 경우 이러한 증상이 12개월 이상 지속, 아동의 경우 6개월 이상 지속된다. 1) 고인에 대한 지속적 갈망과 그리움 2) 죽음에 대한 반응으로 강렬한 슬픔과 정서적 고통 3) 고인에 대한 집착 4) 죽음과 관련된 상황에 대한 집착
C. 다음의 증상 중 6개 이상을 심각한 수준으로 경험한 날이 그렇지 않은 날보다 많다. **죽음에 대한 반응적 고통** 1) 죽음을 수용하는 것에 대한 뚜렷한 어려움 2) 죽음에 대해 믿지 않거나 정서적 마비를 경험 3) 죽은 사람을 긍정적으로 추억하지 못함 4) 죽음과 관련된 비통함 또는 분노 5) 죽은 사람 또는 죽음과 관련하여 자신에 대한 부적응적 평가(예: 자기비난) 6) 죽음을 상기시키는 것들에 대한 과도한 회피

사회적/정체성 붕괴

7) 죽은 사람과 함께 하기 위해 죽고자 하는 소망

8) 죽음 이후 타인을 신뢰하는 데서의 어려움

9) 죽음 이후 혼자라고 느끼거나 타인들로부터 분리된
다고 느낌

10) 고인 없이는 인생이 무의미하거나 공허하다고 느낌.
죽은 사람 없이 자신이 적응적으로 기능할 수 없다는
믿음

11) 인생에서 자신의 역할에 대한 혼란 또는 자신의 정체
성에 대한 감소된 느낌(예: 자신의 일부가 고인과 함
께 죽었다고 느낌)

12) 죽음 이후 흥미를 추구하거나 미래를 위해 계획하는
것이 어렵거나 꺼려짐

D. 장애가 사회적, 직업적, 또는 다른 중요한 기능 영역에서
임상적으로 현저한 고통이나 손상을 초래한다.

E. 애도반응이 문화적, 종교적 또는 연령에 따른 기대수준
에 부합하지 않거나 과도하다.

2. 일시적 비탄 급증반응

사별한 지 오랜 시간이 지난 후에, 다양한 상황에서 사별의
슬픔이 일시적으로 고조되는 현상이 자주 발생한다. 이 경우에

는 초기의 비탄반응과 유사하게 강렬한 슬픔이 밀려오게 되는데, 이를 후속적인 일시적 비탄 급증(Subsequent Temporary Upsurge of Grief: STUG)라고 지칭한다. STUG반응은 건강한 애도 과정에서도 종종 나타날 수 있지만 흔히 병적인 애도반응의 일부로 더 자주 나타나는데, 이 두 가지 경우를 구분하는 것은 쉽지 않다. 사별자는 어떤 요인이 STUG반응을 촉발했는지를 자각하지 못하는 경우가 많다. 일반적으로 기일, 명절, 추도의식 등이 주기적으로 STUG반응을 촉발하는 요인으로 작용할 수 있으며 사별자의 특별한 연령, 경험, 전환과정, 위기, 기억, 상실경험 등도 STUG반응을 촉발할 수 있다. 어떤 경우이든 STUG반응은 애도작업이 충분히 이루어지지 않았음을 반영한다. 이처럼 사별의 애도과정은 매우 다양하고 변화무쌍한 양상으로 진행되기 때문에 사별상담자나 사별치료자의 개입이 필요하다.

3. 기념일 비탄반응

기념일 비탄반응이란 사별을 겪은 후 수 년 혹은 수십 년에 걸쳐 주기적으로 비탄반응이 나타나는 현상이다. 보통 생일, 명절, 기일 등 사별을 겪은 사람에게 중요한 날에 일어난다.

졸업, 결혼, 출산이나 특정한 나이에 도달했을 때 등 일생에 큰 변화를 겪을 때도 나타날 수 있다. 기념일 비탄반응은 고인의 사망원인과 유사한 신체적 증상으로 표출될 수 있다. 이를테면 고인이 심장마비로 사망한 경우 가슴 통증을 느낀다든가 뇌종양으로 사망한 경우 두통을 느끼는 식이다.

한 정신의학자는 사별한 사람 중 약 3분의 1이 기념일 비탄반응을 경험한다고 추정한다. 실제 애도자들은 기념일이 다가옴에 따라 우울증, 심장 질환, 류머티즘성 관절염, 피부 발진, 편두통, 요통, 궤양성 대장염, 공포증, 자살 충동 등 극심하고 난해한 신체적, 정신적 증상을 보였다. 게다가 대부분 이들은 이 같은 증상과 과거사건 간의 시간적 연관성을 알아차리지 못했다. 의사가 특정한 날짜와 계절, 기간을 지적하여 애도자가 연관성을 의식하도록 돕는 경우 대개의 증상이 자연스럽게 해결되었다. 마치 환자의 신체가 정신적 억압을 그대로 드러내는 것 같았다고 한다.

제8장
애도의 의미

애도작업은 상실한 대상을
자기 내부로 수용하여 재건하는 과정이다.
고인에 대한 풍부한 추억을 통해 의미지음으로
지속적으로 유대감을 유지하는 과정이다.

'의미(meaning)'는 Auschwitz 수용소의 체험을 바탕으로 Frankl이 『죽음의 수용소에서(Man's search for meaning)』(1963)에서 제안한 개념으로, 극한의 죽음의 공포에서도 인간은 의미를 찾을 수 있는 존재임을 뜻한다. 그에 의하면 인간에게는 태어나면서부터 의미가 주어져 있으며, 그들 앞에 놓인 삶의 의미나 인생의 목적은 초주관적인 것이다. 그는 인간은 의미를 지향하고 자기를 초월할 수 있으며, 의미는 만들어지는 것이 아닌 발견해야 할 대상임을 주장하였다. 이러한 논의에 근거하여 다양한 의미 관련 이론들이 등장하였는데, 살펴보면 다음과 같다.

1. 의미의 원천과 구조

일반적으로 사람들은 의미에는 단일한 원천이 있다고 믿지만, Emmons(1999)는 실증적인 연구를 통해 의미가 WIST라는 4가지 원천으로 수렴된다고 하였다. WIST는

- 일(Work/achievement)
- 친밀성(Intimacy/relationships)
- 영성(Spirituality/religion)
- 생산성(Transcendence/generativity)

으로, 자신이 원하는 것을 이루고, 타인과 친밀한 관계를 맺거나 돕고, 초월자의 관계를 맺거나 종교생활을 하고, 후대를 위해 봉사하고 공헌하는 것이 중요하다는 것이다.

의미의 구조에 대해서도 Wong(1998)은 인지적 요소(가치와 목적, 신념 등), 정서적 요소(만족감과 충족감), 행동적 요소(목표에 따른 활동 추구 등)로 구분된다고 제안하면서, 인지적 요소는 정서적 요소와 행동적 요소의 기반이 되며 3가지 요소가 모두 관련되어야 한다고 주장했다. Steger, Frazier, Oishi와 Kaler(2006)는 의미의 구조가 '의미 추구(searching meaning)'와 '의미 발견(finding meaning)'으로 이루어진다고 제안하였는데, 의미 추구는 의미를 찾고자 하는 지향 또는 동기를 말하며 의미 발견은 자신의 삶에 의미가 있다는 주관적

느낌을 말한다.

2. 사별경험과 의미의 관계

사별경험이 비탄스럽고 힘든 것은 되돌릴 수 없고 대체할 수 없기 때문이다. 그런데 Frankl이 주장한 것처럼 인간은 최악의 상황에서도 그 상황을 자신과 분리시켜 고통에서 벗어나게 되는데 이를 의미 발견(finding meaning)이라 한다. 즉 모든 고통은 의미가 있으며, 여기서의 의미는 죽음과 같은 고통에 대한 적극적인 태도, 초월적인 자세를 특징으로 한다. 인간은 고통 때문에 절망하는 것이 아니라 그 사건에서 의미를 발견하지 못하거나 회복을 위한 노력을 포기했기에 고통스럽다는 것이다.

이러한 측면에서 사별경험에 따른 비탄경험을 극복하는 모델로서 의미 발견을 고려해 볼 수 있다. 삶의 중요한 문제에 봉착한 사람들은 그 문제에 적응하고 회복하기 위해 의미를 추구하고 의미를 발견하며 의미를 부여하고 의미를 실행하는 경향성을 보인다. 이처럼 삶의 위기에서 의미를 추구하는 이유는 무엇인가? 극한적인 상황에서 왜 인간은 의미를 추구하는가? 이에 대한 다양한 논의들이 있는데 주요한 논의를 살펴

보면 다음과 같다.

첫째, Klinger(1977)는 인간이 의미를 추구하는 것은 생존의 필요성으로 원래부터 관련 목표를 추구하도록 설계되었기 때문이라고 한다.

둘째, Baumeister(1991)는 의미는 삶의 목적과 가치 추구를 통해 효능감과 자기 가치감을 느끼게 하기에 이중 하나라도 충족될 경우 의미감을 느낄 수 있다고 한다.

셋째, Heine, Proulx, & Vohs(2006)는 인간이 죽음불안에 대처하고 자기보호를 위해 의미를 재구성하는데 이는 불안정한 삶에 안정성을 부여해준다고 주장한다.

넷째, Horowitz(2003)는 의미의 추구를 Piaget(1952)의 동화와 조절의 개념으로 설명하였다.

다섯째, Talor(1983)는 고통의 힘이 의미 부여의 욕구를 자극하여 목적을 발견하고 통제감을 얻을 때 자기 가치감을 강화할 수 있다고 주장하였다.

여섯째, Mahoney(2004)는 사별로 인해 개인의 신념체계를 근본부터 흔들렸기에 의미 만들기(meaning making)를 통해 새로운 신념체계를 만드는 과정이 필요하다고 했다.

3. 의미재구성 모델(model of meaning reconstruction)

Neimeyer(2000)가 제안한 의미재구성 모델(model of meaning reconstruction)은 사람들이 각자의 의미 구조로 세상을 이해하고 해석한다는 것이다. 예를 들면 사별경험과 관련하여 각자의 의미 구조에 부합되지 않으면 비탄에 빠지게 되거나, 이를 극복하고자 새롭게 의미를 찾는 동기가 생겨난다는 것이다.

Neimeyer(2000)는 죽음은 개인들에게는 기본적인 신념체계(세계관, 인생관, 가치관 등)의 구성에 맞지 않으며, 때로는 어떠한 구성도 갖고 있지 않은 완전한 새로운 경험일 수 있다고 보았다. 이에 비해 애도는 개인에게 독특한 과정이며, 애도는 개인에게 일어나는 것이 아니라 개인이 시행하는 적극적 과정이라고 하였다.

그에 따르면 이러한 의미 재구성은 ① 남아 있는 사별경험자의 삶에서 고인의 죽음에 대한 새로운 의미를 발견하고 다시 만드는 시도 ② 의미의 통합, 생성 ③ 상호관계 안에서 개인적으로서 의미를 만들어가는 과정 ④ 문화적이고 개인적이며 이야기적인 문맥에서 의미 구성을 확고하게 하기 ⑤ 암묵적이고, 언어 이전인 동시에 명시적이고, 명료한 의미 ⑥ 의미재구성 과정과 그것의 생성을 포함한다고 한다.

많은 연구자들은 사별경험에서 의미를 찾는 과정을 애도

의 핵심요소로 보았다. 이러한 치료적 접근에서 의미 만들기 과정(meaning making)이 중요하다. 의미 만들기는 과정으로써 의미 만들기(meaning making process)와 결과로서의 의미(meaning made)로 나뉜다. 의미 만들기(meaning making) 과정에서는

① 사별 사건 자체를 이해하기

② 사별경험으로부터 이득 발견

③ 정체성과 세계관의 변화

라는 3가지 활동을 하게 된다.

첫 번째 과정인 이해하기는 협의의 의미 만들기로, 사별경험을 기존의 도식 안에서 해석하거나 기존의 도식으로 이해할 수 없다면 새로운 도식을 만들어내는 것이다. 두 번째 과정인 이득의 발견은 광의의 의미로, 사별의 긍정성을 찾아내어 이를 확대시키고 부정적 의미를 최소화하는 것이다. 즉, 이해하기는 사별경험 자체를 이해하고 설명하는 것이고, 이익 찾기는 사별경험에 의미, 가치를 부여하는 것이라 할 수 있다. 이로 인해 세 번째 과정인 정세성과 세계관의 변화가 생기는데, 새로운 가정 하에서 새로운 의미 구조는 일상생활과 대인관계, 자기지각, 세계관 등의 변화를 가져온다는 것이다.

제9장
상실과 사별의 치유

슬픔이란 영구적이거나 일시적인
일상생활의 혼란, 인간관계에서 어쩔 수 없이
겪게 되는 이별이나 변화에서 비롯되는 것으로
불가피하고도 끝없는 과정이다.

사랑하는 사람과의 사별 뒤에 남겨진 이들은 지난 삶을 잃어버린 채 시간과 공간, 사람에 대한 멈춤 현상에 직면한다고 한다. 바삐 움직이는 일상 속에서 무엇을 해야 할지 모르고 그저 관성대로 움직이거나, 아니면 지난 시간을 반추하면서 살아가기도 한다. 그와 함께 했던 시간들을 그리워하면서 슬픔에 잠기고, 언제 끝날지도 모르는 지금의 상태를 원망하면서 그저 하루하루를 버겁게 살아간다.

1. 호모 파티엔스

인간을 '호모 파티엔스Homo patience'(고통을 아는 인간, 고민하는 인간)라 한다. 이는 '호모 사피엔스Homo sapiens' (생각하는 인간)를 비튼 말로 인간이 태어나 성장하는 삶 속에 '고통'이 있다는 말이다. 이 말은 의미치료학자 빅터 프랭클이 주장한 것으로 그는 2차 세계 대전 중에 나치에 의해 강제로 수용소로 보내졌다. 그곳에서 부모와 부인마저 사별하게 되는 상상할 수 없는 고통을 경험했다. 그는 이를 바탕으로 인간의 그림자와 삶의 의미를 고찰했고, 그것을 설명하면서 도입된 개념이 '호모 파티엔스'다. 이에 어떤 이들은 사랑하는 사람의 사별로 인한 슬픔을 "내밀한 고독감"에 비유하기도 한다.

하지만 아무리 삶이 고(苦)라고 해도 자신에게 닥친 상실과 사별에 따른 슬픔은 개개인마다 다른 무게와 압박으로 다가와 자신의 삶을 송두리째 바꿔놓을 수 있다. 시간이 흐른다고 해도 상실과 사별 뒤에 오는 슬픔은 해결되지 않는다. 그 슬픔은 다양한 감정의 복합체이며 그 감정 속에 또 다른 감정이 연이어 올라오고, 그래서 지난 삶을 통해 자신 안에 내재된 슬픔을 애도하고 풀어내야 한다.

2. 감정이해

사실 애도 상담을 하면서 나 스스로도 제대로 애도를 했는지에 대해 의문이 들 때가 있다. 주체할 수 없는 슬픔의 감정의 폭류가 밀려올 때면 그것을 정면으로 바라보거나 깊이 있게 이해하려는 마음보다는 그저 빨리 지나가길 바라는 마음이 먼저였다. 그만큼 애도는 어려운 주제이고 쉽지 않은 주제이다. 그러나 회피한다고 회피되는 것이 아니기에 슬픔과 상실에 대한 나름의 이정표와 지도가 필요하다.

우리는 사랑하는 사람을 잃었을 때 슬픔을 당연하다고 생각한다. 그런데 왜 다양한 감정 중에 슬퍼지는 반응을 보일까? 슬픔은 애도과정에서 어떤 역할을 하는가? 이런 질문은 당연한 것에 대한 물음처럼 보이지만, 감정을 연구하는 학자들은 감정마다 각각의 의미가 있다고 한다. 감정 연구의 선구자 폴 에크먼(Paul Ekman)은 다양하게 나타나는 감정은 인간 행동에 핵심적 역할을 한다고 주장한다. 예를 들면 분노는 누군가가 자신의 몫을 빼앗으려 할 때, 속이려 할 때, 또는 위협을 받거나 모욕을 당했다고 느낄 때 표현되는 감정이라는 것이다. 동의학에서도 분노를 '노즉기상(怒卽氣上)'이라고 부르며, 분노나 화를 내면 기가 위로 상기하여 눈이 뻘게지고 혈압이 상승한다고 한다. 그래서 무엇인가를 행동하고 외부로 격렬하게 드러낸다. 이와 달리 슬픔은 중요한 사람이나 대상을 상실했을 때, 자신이 그러한 상황에서 아무것도 할 수 없을 때 표현되는 감정이다.

상담 현장에서 상실 치유를 해왔던 조디 피오리니와 조디 멀린은 사람이 살아가면서 겪게 되는 상실을 6가지로 나눈다. 무형적 상실(희망, 안전, 신뢰 등), 죽음으로 인한 상실, 대인 관계에서의 상실(이별, 이혼, 단절 등), 과도기적 상실(이사, 실직, 병역 등), 발달적 상실, 비극적 상실과 오명으로 인한 상실이 그것이다. 이런 측면에서 바라본다면 삶이란 고(苦)이다. 어쩌면 삶의 본질을 행복으로 보는 것도 고를 극복하려는 시도에 다름 아닐지도 모른다. 많은 사람이 알고 있듯이 슬픔과 상실감은 시간이 흐른다고 사라지지 않는다. 감정을 경험하는 센서는 둔감해질지라도, 슬픔과 상실은 우리의 삶에 지속적으로 영향을 미친다. 어렸을 때 겪은 할아버지의 죽음은 잊힌 듯 보이지만, 지금의 상실을 통해 그 일에 대한 통곡이 나오기도 하고 복잡한 반응으로 나타나기도 한다. 슬픈 장면을 봐서 슬프기도 하지만 슬퍼하고 있는 나를 봐서 슬프기도 하다는 것이다. 그렇다면 어떻게 해야 할까?

3. 감정 다루기

동양에서는 마음의 움직임은 느낌, 감정으로 나타나는 것으로 보았다. 그리고 이것을 7가지 핵심 감정으로 분류했다. 분노, 기쁨, 생각, 우울, 슬픔, 두려움, 놀람이 그것으로 이를 칠정이라 하고, 이 칠정이 각기 신체적인 변화를 일으킨다고 본다. 칠정이 각기 신체에 미치는 영향을 한의학의 최고 원전인 『황제내경』에서 찾아보면 다음과 같다.

분노는 '노즉기상(怒卽氣上) 노상간(怒傷肝)'으로, 분노나 화를 자주 내면 기가 위로 오르고 기와 피가 역상하여 오장 중 피를 저장하고 있는 간을 상하게 한다. 기쁨은 '희즉기완(喜卽氣緩) 희상심(喜傷心)'으로, 즐거우면 기의 순행이 화평해져 피의 순환도 잘 된다. 그러나 즐거움도 지나치면 신기(神氣)가 소모 분산되어 신(神)의 기능을 다하지 못하게 되며 심(心)의 기능마저 상하게 한다. 생각은 '사즉기결(思卽氣結) 사상비(思傷脾)'로, 생각이 과도하면 기의 순행이 한 곳에 맺히고 소화 기능을 주관하는 비(脾)를 상하게 한다. 우울은 '우즉기폐색(憂卽氣閉塞) 우상폐(憂傷肺)'로, 우울하면 기의 순행이 막혀 폐색(閉塞)이 되고 폐와 비를 상하며 호흡 기능과 소화 기능을 해친다. 슬픔은 '비즉기소(悲卽氣消) 비상폐(悲傷肺)'로, 지나치게 슬퍼하면 기의 순행이 소모되고 심과 폐가 막혀 우울해지고 의기소침해지기도 한다. 두려움은 '공즉기하(恐卽氣下) 공상신(恐傷腎)'으로, 두려움은 기가 아래로 처져 갇히게 하고 생식기와 내분비 기능을 주관하는 신(腎)을 상하게 하여 정력을 약하게 만든다. 신은 뼈를 맡고 있고 정을 간직하므로, 공포로 신장이 손상되면 당연히 뼈가 약해지고 자주 유정을 하게 된다. 놀람은 '경즉기란(驚卽氣亂) 경상신(驚傷腎)'으로, 크게 놀라면 기는 흩어져서 순행의 질서가 무너지며 심도 의지할 바를 잃고 산란해져 올바른 판단이나 생각을 못하게 되므로 온몸의 힘이 쑥 빠지며 심신(心神)이 모두 혼란해지는 것이다.

이상과 같이 7가지의 감정은 신체의 5장(五臟)의 기능을 좌우한다. 5장 기능 또한 감정을 우러나게 하고 있으니 그 상호관계는 긴밀하다. 마음과 몸은 하나 즉 심신일여(心身一如)로서 그 경계가 없다고 할 수 있다.

상실을 겪고 나면 한동안 충격에 빠져 무감각 상태가 올 수도 있고 두려움에 빠질 수도 있다. 슬픔에 집착할 수도 있고, 화를 낼 수도 있다. 혼란, 상실감, 피로감, 우유부단, 끔찍함, 혐오감, 시기질투, 싫증, 행복감, 다행감 등 어떤 느낌도 괜찮다. 어쩌면 느낄 수 있다는 것은 자연스러운 것이며 살아 있다는 신호이기도 하다.

4. 상실 치유

어떤 느낌이든 느낌은 그 사람의 상실을 치유하는 요소들이다. 마음껏 느끼고, 치유하라. 느낌에 몸을 맡겨라. 그러나 그 느낌 또한 영원하지 않음을 알게 될 것이다. 거부하거나 감추거나 회피하지 말고 고통의 느낌에 함께 하라. 고통에 함께 하고, 외로움을 느끼고, 마음의 상처를 느낄 수 있다는 것은 치유의 중요한 과정이다.

인간이 마음으로 외계 사물을 받아들이는 방법은 이성으로 생각하고, 감정으로 느끼고, 무의식으로 감지하는 3가지 방법이 있다. 아무리 작은 한순간의 감정이라 하더라도 감정으로 만나는 것은 그 사람 전부와 만날 수 있는 방법이다. 왜냐하면 감정이란 그 사람이 일생 동안 체험한 것을 통해 우러나오는 것이기 때문이다.

또한 나의 감정을 내가 알아차렸다고 해서 그 감정이 내 감정의 전부는 아니다. 우리의 인지 작용은 일반화, 생략, 왜곡의 오류를 범하고 있다. 그러나 감정은 한 번에 하나씩이다. 감정은 고정되어 있지 않고 항상 변하며 스쳐 지나가는 것이다. 그러니 즐겁다고 붙잡으려 들지 말고, 괴롭다고 벗어나려 하지 말며, 편안하다고 머물려 들지 마라. 어떤 종류의 감정이든 가만히 지켜보고만 있으면 바람처럼 스쳐 지나간다는 것을 알 필요가 있다. 이를 위해 다음 방법들을 살펴보자.

첫째, 상실 치유에 대한 마음을 가질 필요가 있다. 슬퍼하는 것도 분노하는 것도 곧 치유의 시작임을 알 필요가 있다. 자신이 느끼는 감정의 의미와 가치를 긍정화할 필요가 있다. 부정적인 감정에 대한 편견과 오해를 버리고 지금 자신이 느끼는 감정이 자신을 인도한다고 믿어라.

둘째, 자신의 감정을 자각할 필요가 있다. 예를 들면 호흡 하나 하나를 자각하면서 자신의 호흡에만 주시한다. 또는 몸을 자각하면서 어느 부분이 가장 의식되는지를 주시한다. 의식되는 그곳에 감정의 이름을 붙인다면 무엇이라고 할 수 있는지 자각하는 것이다.

셋째, 내면 공간으로 들어가 마음을 시각화해서 의식적으로 기억한다. 마음의 시각화는 이미지 그리기를 사용한다. 사실 우리가 과거에 받은 상처의 경험들은 이미지로 기억된다. 예를 들면 사람, 사건, 사물, 배경, 냄새, 촉감 등을 기억하면서 세부 사항을 채워 넣는다. 또한 마음속으로 대상을 떠올려 보고 마음속에 지우개를 들어 그 대상에 대한 이미지를 천천히 지워나가는 것도 한 방법이다. 실제 우리가 괴로운 것은 과거의 상실과 슬픔을 이미지로 기억하고 있는 정신 상태에 익숙하기 때문이다.

넷째, 내가 그린 이미지나 감정을 그냥 흘러가도록 놓아버리는 것이다. 그저 내가 무엇을 할 수 있다는 생각을 버리고, 내맡긴다. 이를 통해 현실을 받아들이고 앞으로 닥쳐올 것을 수용하도록 한다. 모든 과정에서 무수한 자극에 의해 생각이 일어난다. 그런데 그 생각에 반응하거나 판단하지 않는다면 괴로움에서 벗어날 수 있다. 그냥 그것이 지나가도록 두고 호흡으로 돌아오면 괴로운 생각이나 이미지도 사라지고 심상도 사라진다.

다섯째, 자신이 경험한 일들을 기록하거나 누군가와 나누는 것이다. 단지 반응을 얻으려 하지 말고 교류만 하는 것이다. 영성심리학자 화이트 헤드(Whitehead, James D)는 『마음의 그림자』에서 과거 선조들은 재앙과 혼돈의 시기에 목소리를 높여 호소했으며, 슬픔을 개인적인 것으로 묶어두지 않고 고통을 표현했다고 한다. 사실 사람들과 함께 자신의 슬픔과 상실을 나눌 때 우리는 새로운 길을 모색하고 변화의 삶을 살 수 있다. 슬픔과 상실을 치유하는 방법은 자신의 상처를 수용하는데 있다. 다만 끊임없는 불평이 아니라 마음을 열고 관계 맺음을 느끼는 것이다. 다른 사람들을 포용하며 자신의 경계를 넓혀가는 것이다. 그럴 때 기존의 경험에서는 오는 새로운 의미가 자신에게 찾아오기 시작한다.

인간이 인간일 수 있는 것은 아픔을 알고 이해하기 때문이다. 인간은 병에 걸리고 나서야 자기 몸에 대해 관심을 갖는다. 이렇듯 인간은 고통을 통해 깨닫지 못한 것들에 관심을 갖게 된다. 인간이 행복을 추구한다는 것도 기본적으로 괴롭다는 것을 전제한다. 이런 점을 볼 때 행복과 불행이라는 것은 드러나는 현상이지 본질이 아니다. 삶의 본질은 괴롭다는 것을 인식하는 것에서 출발한다는 불교적 혜안이다. '호모 파티엔스'인 인간이 괴로운 것은 지나간 것을 붙잡고 있기 때문이다. 따라서 이 삶의 고해(苦海)에서 붙잡고 있는 것을 '벗어버리는 것', '놓는 것'이 진정한 자유요, 해탈이다. 그러기 위해서는 삶의 문제에 대해 회피하지 말고 응답해야 한다.

제2차 세계 대전 중에 나치의 박해를 받아 부헨발트 수용소에 수감된 유대인들이 죽음을 앞둔 나날 속에서 삶을 포기하지 않고 의미를 찾기 위해 불렀던 노래가 "그럼에도 삶에 대해 '예'라고 말하려네!"라고 한다. 빅터 플랭클은 『죽음의 수용소에서』에서 인간의 존엄과 인생과 맞서는 태도로서 "그럼에도 삶에 대해 '예'라고 말하려네"를 통해 삶에 닥친 수많은 문제들에 하나하나 답을 구해간다. 삶에 닥친 문제들을 질문으로 여기고 응답을 해나가는 것이 삶의 본질이다. 물음에 응답하는 것은 책임지는 것이기도 한다. 영어로 '책임'을 뜻하는 'responsibility'는 '응답'을 뜻하는 'response'에서 파생된 것이다. 삶의 문제를 질문으로 여기고 여기에 하나씩 응답하면 책임지는 삶을 산다는 의미이다. '인간이 인간답다'라고 말할 때 가장 중요한 가

치가 바로 문제를 회피하지 않고, 질문하고 응답하는 자세, 태
도라 할 수 있다.

제10장
애도 코뮤니타스

세상에 태어날 때
너는 울었지만 세상은 기뻐했으니
네가 죽을 때
세상은 울어도 너는 기뻐할 수 있도록
그런 삶을 살라.

"사멸하기 때문에 삶이 아름다운 것이 아닐까요?"

영화 〈목숨〉으로 유명한 다큐멘터리 감독 이창재 교수와 인터뷰를 하던 중에 그가 던진 말이다. 이 말의 의미가 무엇인지 궁금하기도 하고 의아하기도 했다. 죽는 것이 아름답다는 것일까, 죽음을 통해 아름다움이 발현된다는 것일까. 그에게 더 이상 묻진 않았지만 그가 했던 말은 시간이 지나도 귓가에 오래 맴돌았다. 죽음 앞에 서면 뭔가 특별한 의미를 깨닫고 살아갈 것 같지만 삶을 아름답게 마무리하기란 쉽지 않은 일이기 때문이다.

인생에서 가장 아름답고 행복한 순간을 화양연화(花樣年華)라고 한다. 사람들에게 행복한 순간이 언제였는지 물으면 다양한 에피소드를 꺼낸다. 대부분은 과거에 있었던 일들이고 그 시간을 추억하며 그리움과 행복감에 젖는다. 우리는 왜 지금 이 순간의 행복감을 느끼지 못하고 과거의 기억을 행복이라고 추억할까. 우리는 왜 당신이 나의 행복이라는 말을 당시엔 말하지 못하고, 그가 떠난 이후에야 빈자리를 느끼며 그가 내게 얼마나 큰 행복이었는지를 깨달을까.

어차피 장례식은 산 사람을 위한 거예요.
그러니 아무도 없으며 신경 쓸 사람도 없죠.

사실 살아 있는 사람들은 모르는 게 낫죠.

장례식도 슬픔도 눈물도 없는 게."

- 영화 '스틸 라이프'의 대사

이 대사는 영화 〈스틸 라이프(Still Life)〉의 주인공, 존 메이에게 그의 상사가 던지는 말이다. 영화에서 주인공은 고독사한 사람들을 찾아내고, 유품을 근거로 고인의 유가족이나 지인들에게 장례식을 알리며, 고인에게 맞는 추도식을 준비하는 일을 한다. 말하자면 고독사나 홀로 죽는 사람들을 위해 정부나 지자체가 해야 할 일을 하는 공무원이라 할 수 있다.

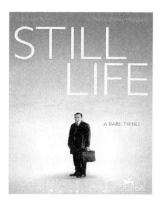

〈그림 4〉 영화 스틸 라이프

시대의 변천에 따라 장례문화와 애도문화도 많이 바뀌고 있다. 1970년대만 해도 대개 집에서 장례를 치르고 매장을 했지만, 1980년대 이후부터는 장례식장에서 장례를 치르고 화장을 하는 문화로 바뀌었다. 변화의 주기도 점점 짧아지고 있는 듯하다. 실제 일본에서는 3일장도 길다는 인식이 생겨 하루장, 심지어 반일장도 진행되고 있다고 한다.

사회문화의 변화에 따라 애도의 형식과 문화가 바뀌는 것은 자연스러운 현상일 것이다. 그러나 그 의미를 잃어버리면 어떻게 될까. 삶을 올바르게 직시하는 사람은 자신의 죽음을 진지하게 생각하기 마련이다. 인간의 '존엄성'이란 삶에만 국한되는 것이 아니라 죽어가는 과정과 죽음의 전 과정에도 적용되기 때문이다. '죽음의 존엄성'은 삶의 마지막을 보다 평온하게, 인간적으로 맞이하려는 태도뿐 아니라 죽음을 성찰하는 삶 속에서 드러난다. 죽음이 생명과 함께하는 자연의 순리라는 것을 외면하고, 죄의 결과나 재수 없는 사건 또는 자신과는 상관이 없는 일이라고 생각한다면, 아무리 좋은 임종시설에 있더라도 결코 존엄한 죽음을 맞이할 수 없을 터이다.

영화 〈스틸 라이프〉의 주인공 존 메이는 홀로 사는 사람이다. 그는 고독하고 외로웠으며 그의 삶은 단조롭고 지루했다. 그래서 그는 죽은 자의 유품을 통해 취향과 애도를 위한 소재를 찾아내고 죽은 자의 사진을 자신의 사진첩에 모아놓는다.

영화를 보며 새삼 애도란 무엇인가를 생각했다. 애도는 무엇일까. 기억하는 것이 아닐까. 우리는 장례를 통해 죽음을 경험하지만 그것은 몸의 죽음일 뿐이다. 고인의 마음은 죽지 않고 남아 애도를 통해 그가 생전에 관계를 맺었던 사람들의 저장된 기억을 통해 경험된다. 『존엄한 죽음의 문화사』의 저자인 구마래는 '존엄한 죽음의 문화'를 살아 있을 때에는 죽음을 성찰하는 죽음준비의 문화, 생의 마지막 순간에는 임종의 문화, 사후에는 마치 살아 있는 것처럼 대하는 애도의 문화라고 했다.

애도는 사랑하는 누군가를 잃었다는 고통스러운 마음, 외부 세계에 대한 관심의 상실, 사랑할 수 있는 능력의 상실로부터 시작되며, 이에 따른 부정적 심리 상태를 경험한다는 것을 의미한다. 시간이 흘러가면서 점차 슬픔과 고통을 딛고 기운을 회복하여 '대상 상실' 이후 '대상 포기'로 이어지는 과정을 마무리하고, 죽은 사람을 마침내 잘 떠나보내게 된다. 그래서 애도는 한마디로 기억에 대한 '웰바이(well-bye)'다.

다시 영화로 돌아가 보자. 갑자기 정리해고를 당한 주인공은 마지막 의뢰인 '빌리 스토크'의 장례를 준비하며 22년 동안의 공무원 생활을 마무리하려고 한다. 빌리 스토크는 딸에게 폭력적인 아버지였고, 알코올 중독자였으며, 거리를 배회하는 노숙자로 홀로 생을 마감했다.

그러나 주인공은 생전에 함께했던 동료들, 가족, 거리 위의 노숙자들로부터 그에 대한 새로운 기억을 찾아낸다. 그리고 마침내 그의 딸 켈리 스토크를 찾아내고 이렇게 말한다.

아, 비석을 봐야죠.
적색 화강암이란 건데 빨갛진 않고 적갈색이에요.
부친께서 군대에서 쓰시던 베레모 색깔이에요.
마지막 가는 길이 외롭지 않도록

- 영화 '스틸 라이프'의 대사

딸은 폭력적이었던 아버지에 대한 기억 때문에 힘들어 하지만, 타인임에도 불구하고 음악이나 비석의 색 등 고인의 취향과 인생을 고려해 세심하게 선택하는 존 메이를 보고 장례식에 참여하기로 한다.

이웃에 누가 사는지도 모를 만큼 단절돼가는 현대 사회라지만 존 메이 같은 사람이 어딘가에는 있지 않을까. 고독이 고독을 공감하고, 슬픔이 슬픔을 위로한다 해도, 그것만으로도 충분히 위로와 공감이 될 때가 있다.

코로나19는 누구나 죽을 수 있다는 당연한 사실을 상기시켰다. 죽음에 대한 불안과 공포는 사람들의 폐부에 각인되면서 죽음을 새롭게 인식하고 성찰해야 한다는 생각들이 확산

되고 있다. 죽음의 기술을 회복하고 죽음을 준비하는 오랜 전통을 존중하며 애도의 공적 기능을 부각시키며 끌어내야 할 때다.

이를 위해 애도 코뮤니타스(condolence communitas), 즉 애도 공동체를 구성하기 위한 몇 가지 제안을 한다.

첫째, 애도는 누구나 겪을 수밖에 없는 사별슬픔에서 다시 삶의 기능을 회복하고 그 길 너머에 있는 또 다른 길을 가게 하는 성장과 성숙의 길이다. 진정한 애도란 고인을 떠나보내는 '망각'에서 끝나는 것이 아니라 '기억'을 통해 고인과의 새로운 관계를 형성하는 것이다. 이를 위해 어떠한 죽음일지라도 유가족들이 애도 과정을 치를 수 있는 방안을 강구해야 한다.

둘째, 인간의 존엄성은 살아 있을 때나 죽어 있을 때나 유지되는 것이다. 죽어가는 사람들을 경제적인 가치에서 볼 것이 아니라 살아 있는 인간으로서 존엄하게 죽음을 맞이할 수 있도록 준비해야 한다. 이를 위해 팬데믹이나 재난으로 당한 죽음조차도 사회적으로 죽음을 기억하고 죽음의 공적 기능을 부각시키는 새로운 학습의 기회로 삼아야 한다.

셋째, 삶이 중요하고 존중받아야 하듯이 죽음 또한 중요하며 존중받아야 한다. 준비되지 않은 채 고인을 떠나보내야만 하는 유족들에게 코로나19 속에서의 죽음과 같은 사별 경험은 애도를 박탈당할까 봐 불안과 수치감에 사로잡히는 비극이었

다. 어떠한 경우이든 인간의 존엄성을 삶과 죽음에서 존엄함
을 기억하며 배려하는 것도 함께 공유해야 한다.

참고문헌

구미래. 2015. *존엄한 죽음의 문화사*. 모시는사람들.
권석만. 2019. *죽음의 심리학*. 학지사.
데이비드 스위처. 2011. *모든 상실에 대한 치유, 애도*. 최혜란 역.
　　　학지사.
데이비드 케슬러. 2020. *의미수업*. 박여진 역. 한국경제신문사.
문종원. 2016. *상실과 슬픔의 치유*. 바오로 딸.
베르나 카스트. 2015. *애도*. 채기화 역. 궁리.
빅터 프랭클. 2020. *죽음의 수용소에서*. 이시형 역. 청아출판사.
스테판 프리만. 2019. *애도상담*. 이동훈, 강영신 역. 사회평론아카
　　　데미.
양준석. 2022. *코로나를 애도하다*. 솔트앤씨드.
양준석, 유지영. 2018. 가족사별 중년여성의 애착유형이 역경 후
　　　성장에 이르는 과정. *가족과 가족치료*, 26(1): 49-76.
양준석 외. 2018. *사람은 살던대로 죽는다*. 솔트앤씨드.
엘리자베스 퀴블러로스, 데이비드 케슬러. 2014. *상실수업*. 김소향
　　　역. 인빅투스.
제임스 화이트헤드, 에블린 화이트헤드. 2008. *마음의 그림자*. 문
　　　종원 역. 가톨릭출판사.
채정호. 2014. *이별한다는 것에 대하여*. 생각속의 집.
최백만, 김기연, 이재풍. 2021. *애도상담의 이론과 실제*. 해조음.
호프 에덜먼. 2021. *슬픔 이후의 슬픔*. 김재경 역. 다산북스.

Archer. J. 1999. *The nature of grief : The evolution and psychology of reactions to loss.* London, UK: Routledge Press.

Baumeister, R. F. 1991. *Meaning of life.* New York: The Guilford Press.

Bonanno, G. A. 2009. *The other side of sadness: What the new science of bereavement tells us about life after loss.* Basic Books.

Emmons, R. A. 1999. *The psychology of ultimate concerns: Motivation and spirituality in personality.* New York: Guilford Press.

Freud, S. 1917. Mourning and Melancholia: The Standard Edition of the Complete Psychological Works of Sigmund Freud, Volume XIV (1914-1916). *Straghey, J. (Trans.).* London: The Hogarth Press and The Institute of Psychoanalysis, pp.237-258.

Heine, S. J., Proulx, T., & Vohs, K. D. 2006. The Meaning Maintenance Model : On the coherence of social motivations. *Personality and Social Psychology Review, 10,* 88-110.

Horowitz, M. J. 2003. *Treatment of stress response syndromes.* Washington, DC: American Psychiatric Association.

Kissane, D. W. 2004. *The challenge of discrepancies in values among physicians, patients, and family members.* John Wiley & Sons.

Klass, D., Silverman, P. R., & Nickman, S. L. (Eds.). 1996. *Continuing bonds: New understandings of grief.* Taylor & Francis.

Klinger, E. 1977. *Meaning and void: Inner experience and the incentives in people's lives.* Minneapolis: University of Minnesota Press.

Lindemann, E. 1944. Symptomatology and management of acute grief. *American Journal of Psychiatry, 101(2),* 141-148.

Mahoney, M. J. 2004. *Scientist as subject: The psychological imperative*. Clinton Corner, NY: Eliot Werner.

Neimeyer, Robert. A. 2000. Searching for the meaning of meaning: Grief therapy and the process of reconstruction. *Death studies* 24 (6), 541-558.

Piaget, J. 1952. *The Origins of Intelligence in Children*. New York: International Universities Press.

Rando, T. A. 1993. *Treatment of complicated mourning*. Champaign, IL: Research Press.

Steger, M. F., Frazier, P., Oishi, S., & Kaler, M. 2006. The meaning in life questionnaire: Assessing the presence of and search for meaning in life. *Journal of Counseling Psychology*, 53, 80-93.

Stroebe, M., & Schut, H. 1999. The dual process model of coping with bereavement: Rationale and description. *Death Studies*, 23(3), 197-224.

Taylor, S. E. 1983. Adjustment to threatening events: A theory of cognitive adaptation. *American Psychologist, 38*, 1161-1173.

Wong, P. T. P. 1998. Implicit theories of meaningful life and the development of the personal meaning profile. In P. T. P. Wong & P. S. Fry (Eds.), *The human quest for meaning: A handbook of psychological research and clinical applications*, 111-140. Mahwah, NJ: Lawrence Erlbaum Associates.

Worden, J. W. 2002. *Grief counseling and grief therapy: A handbook for the Mental health practitioner*. New York: Springer.

지은이 소개

양준석

철학박사. 애도상담 전문가. 생사관 연구와 애도집단 프로그램 웰바이(Well-bye)운영을 하고 있다. 현재 한림대 생사학연구소 연구원이며 마음애터 협동조합 대표를 맡고 있다.

『우리 삶의 이야기 다시쓰기』(2017, 공역), 『사람은 살던대로 죽는다』(2018, 공저), 『자살이론의 과거, 현재, 미래』(2019, 공역), 『코로나 시대의 애도문화 변화연구』(2021), 『코로나를 애도한다』(2022) 등의 출판물을 통해 사별자들의 고통에 공감하며 이들의 이야기를 세상과 나누고 있다.

장태순

서울대학교 물리학과를 졸업하고 같은 대학교 철학과에서 석사 학위를, 파리 8대학교 철학과에서 박사학위를 받았다. 고등과학원 초학제연구단, 덕성여자대학교 철학과를 거쳐 한림대학교 생사학연구소 HK교수로 재직중이다.

지은 책으로 『이야기의 끈』(공저, 2021), 『동서의 학문과 창조: 창의성이란 무엇인가?』(공저, 2016), 『현대 정치철학의 모험』(공저, 2010) 등이 있고, 옮긴 책으로 『비미학』(2010)이 있다.